Moewig

BERUF & KARRIERE

Weniger arbeiten, mehr erledigen

Die besten Arbeitstechniken

Moewig

Verlagsunion Erich Pabel-Arthur Moewig KG, Rastatt

Originalausgabe

Text: Dipl.Psych. Siegfried Brockert
Textbearbeitung: Dr. Petra Gallmeister

Umschlagentwurf und -gestaltung: Atelier Adolf Bachmann, Reischach
Printed in Germany 1992
Druck und Bindung: Elsnerdruck, Berlin
ISBN 3-8118-7246-X (60er-Kassette)

Inhalt

Ziel dieses Buchs

In diesem Band geht es um die besten Arbeitstechniken. Gemeint sind hier die Techniken geistiger Arbeit. Es besteht nämlich ein großer Bedarf, sie zu erlernen.
Handwerkliche Fähigkeiten werden ja sehr leicht und sehr anschaulich am konkreten Tun vermittelt oder im Selbstversuch erworben.
Bei der geistigen Arbeit, bei der Schreibtischarbeit verhält es sich jedoch anders: Hier müssen Menschen sehr viel stärker ihren individuellen Weg finden.
Nun wird in der Zeit der Computerisierung der Welt auch bei der „Papier"-Arbeit versucht, Arbeitsabläufe immer weiter zu standardisieren, um so die Individualität des Menschen über einen einzigen, großen Kamm zu scheren. Für viele ist dies eine Hilfe, denn sie müssen bei der Arbeit nicht sehr viel nachdenken. Dennoch bleibt festzuhalten, daß

- der Computer zwar viele Abläufe, die früher einmal dem geistig aktiven Menschen vorbehalten waren, übernehmen kann,
- er auf der anderen Seite aber den Menschen nicht ersetzen kann.

Der letzte Gedanke klingt pathetisch, ist aber ganz sachlich gemeint. Computer sind die in der Theorie perfekt arbeitenden, nie krank werdenden „elektronischen Kollegen". Sie haben sich aber in der Praxis doch als störanfällig erwiesen. Computersysteme und Organisationsnetzwerke, die auf

elektronischer Datenverarbeitung beruhen, werden deshalb niemals perfekt arbeiten.
Das soll heißen: Auch im Bereich der Schreibtischarbeit – sogar, soweit sie durch Computer ausgeführt wird – wird der Mensch immer eine Rolle spielen. Ein perfektes Computersystem hinzustellen ist in fast allen Bereichen teurer, als mit Menschen und Computern zu arbeiten.
Es wird also weiter so sein, daß Menschen ihre Individualität in den Arbeitsprozeß einbringen. Sie werden sich also nie ganz ihrer geistigen Funktionen entledigen dürfen, sondern brauchen auch in Zukunft ein optimales Arbeitsverhalten.
Hierfür will dieses Buch Hilfen geben.
Es geht dabei um zwei große Gruppen von Arbeitstechniken, die mit einer Wortprägung des großen amerikanischen Psychologen Professor Joy Paul Guilford als „konvergent" und „divergent" bezeichnet werden können.
Konvergente Arbeitstechniken – das sagt der Name – haben die Bündelung aller geistigen Energien auf einen einzigen Punkt – auf das richtige Ergebnis, die beste Lösung – zum Inhalt. Um diese Prozesse zu unterstützen geht es um:

- Methoden der Konzentration,
- Hilfen beim Lernen,
- Die optimale Nutzung unseres Gedächtnisses.

Der dritte Punkt ist besonders wichtig. Unser Gedächtnis ist nämlich alles andere als ein Datenspeicher – und ob der Ausdruck „Bio-Computer" je die Realität hinreichend beschreibt, muß heute auch noch als zweifelhaft angesehen werden. Wie wir also mit der Summe unserer Gedächtnisinhalte (unserer Erfahrungen!) am sinnvollsten umgehen

und den besten Nutzen daraus ziehen, ist Thema eines eigenständigen großen Kapitels.
In den Anfangskapiteln werden Hilfen gegeben, um unsere geistige Leistung „auf den Punkt zu bringen". Das bedeutet „konvergent".
Oft genug aber reicht genau dieses nicht. Je stärker man aus vorstandardisierten Abläufen ausschert, je mehr das eigene Tun in die Realität (die „real existierende" und nicht die gemachte und gedachte) hineinwirkt, desto komplizierter werden für viele Menschen die geforderten geistigen Leistungen.
Die meisten Menschen schaffen es zwar, sich in einem gegebenen – auch sehr komplexen – Gefüge zurechtzufinden. Ob es die Regeln der Grammatik sind, komplizierte Steuergesetzvorschriften oder was auch immer – hier sind sie Meister, wenn es darum geht, richtige Wege und Lösungen zu finden.
Allerdings scheitern viele Menschen, wenn die Aufgabe anders gestellt ist und bedeutet, nicht die eine richtige, sondern viele gute Lösungen zu finden. Statt in einem Punkt zu konvergieren, muß dann nämlich die geistige Energie und Gedankenkraft in viele Richtungen hinausreichen. Hier entsteht bei vielen Menschen Unsicherheit und Unbehagen.
Es handelt sich um den diffusen und unklaren Bereich der Kreativität, in den man sich hier hineinbegeben muß. Praktisch sieht es dann so aus, daß man bei vielen – gerade bei höherwertigen – Aufgaben und Entscheidungen mit „der Stange im Nebel stochern muß".
Es geht nicht mehr um das Verarbeiten harter Fakten, sondern um „weiche Daten", um das Handhaben von Ideen, Konzepten, Philosophien, Gerüchten, Szenarien, Wünschen, Vorstellungen und Befürchtungen.
Aber auch dieser diffuse Bereich, der dem wirklichen Leben so viel eher entspricht als z. B. die Steuergesetzgebung oder

die Vorschriften der Groß- und Kleinschreibung, kann sehr viel weniger „vernebelt“ sein, als die meisten Menschen annehmen. Es gibt nämlich eine Fülle von Kreativitätstechniken, die helfen können, zu guten Ergebnissen zu kommen. Sie sind in einem Extra-Kapitel aufgezählt – mit dem Hintergedanken, sie nicht nur auf die eigene Arbeit, sondern auch zur Ideenfindung für persönliche Lebensentscheidungen einzusetzen.
Das Lösen und Planen menschlichen Lebens und menschlichen Tuns wird am besten verstanden, wenn man es von zwei Seiten her angeht:

- von einer disziplinierten, „preußischen“ Gedankenwelt her,
- von einer lustbetonten, fröhlichen, kreativen, „ganzheitlichen“ Weise.

Zwei Begriffe sind geprägt worden für diese unterschiedlichen Arten, den menschlichen Geist in Szene zu setzen. Diese beiden Geisteshaltungen müssen zusammenkommen, wenn man optimale Ergebnisse in seinem Tun und Streben erreichen will. Benannt werden sie auch im deutschen Sprachbereich mit den englischen Ausdrücken „Toughness“ (Härte gegen sich selbst, Disziplin) und „Flow“ (Hingabe an die Arbeit).
Hier ist nicht der Ort, auf ausführlichere Erklärungen dieser Begriffe einzugehen; es war nur wichtig, sie zu erwähnen. Sie korrespondieren sehr gut mit den Guilfordschen Begriffen des konvergenten und des divergenten Denkens. Und es soll noch auf eine Parallele zu einem weiteren Begriffspaar hingewiesen werden, das für viele Menschen heutzutage einen hohen Erklärungswert hat, dem links-hemisphärischen

Denken (die linke Gehirnhälfte verarbeitet zumeist die „harten“ Fakten) und dem rechts-hemisphärischen Denken, das der Verarbeitung „ganzheitlicher“ Information dient.
Dieser Band zeigt Ihnen Techniken geistiger Arbeit, die sowohl dem konvergenten als auch dem divergenten Denken dienen – den in der linken wie den in der rechten Gehirnhälfte „angelagerten“ geistigen Fähigkeiten.

Hilfsmittel

Dies Buch ist ein Ratgeber, der Ihnen helfen will, persönliche Fragen zu beantworten. Bücher wenden sich an sehr viele Menschen mit unterschiedlichen Lebenseinstellungen, unterschiedlichen Erfahrungen und unterschiedlichen Hoffnungen. Von einem bestimmten Punkt an bleiben Sie deshalb in jedem Buch mit Ihren persönlichen Fragen, Anregungen und mit Ihrer Kritik allein. Um hier einen Ausgleich zu schaffen, um Möglichkeiten eines persönlichen Austausches und einer individuellen Beratung zumindest im Ansatz zu bieten, enthält dieses Buch zwei Hilfen.

Kopiervorlagen

An verschiedenen Stellen dieses Ratgebers finden Sie Tabellen-Schemata, die Sie ausfüllen sollten. Füllen Sie sie aber nicht im Buch aus! Statt dessen sollten Sie sich die Vorlagen kopieren, damit Sie immer ein sauberes Schema als Hilfsmittel zur Verfügung haben.
Die Kopiervorlagen werden immer dann eingesetzt, wenn es um wichtige Verhaltensänderungen geht. Zwar stimmt es, daß nur derjenige ein Realist ist, der auch an Wunder glaubt. Aber wer bei den Möglichkeiten persönlicher Weiterentwicklung an Wunder glaubt, der wird sein blaues Wunder erleben. Hier geht es nur schrittweise, und man muß die einzelnen Schritte immer neu wiederholen.

Die Kopiervorlagen erstrecken sich jeweils über eine Doppelseite. Allerdings ist das aufgeschlagene Buchformat kleiner als DIN-A4. Legen Sie deshalb die Vorlage im Kopierer jeweils in der oberen rechten Ecke an, dann haben Sie links einen Rand, den Sie lochen können. Es empfiehlt sich nämlich, die Kopiervorlagen abzuheften, damit Sie eine Erfolgsbestätigung für Ihre Fortschritte haben.

Ratgeber-Kupon

Auf Seite 17 finden Sie ein Blatt, das Sie aus dem Buch heraustrennen sollten: Ihren Ratgeber-Kupon. Er bietet Ihnen die Möglichkeit, Ihre Kommentare und Fragen in kurzer Form an den Autor dieses Buches zu schicken. Stecken Sie den Zettel einfach in einen Fensterumschlag, dann haben Sie die Adresse gleich richtig im Adreßfeld. Legen Sie einen an sich selbst adressierten Antwortumschlag im Format Din-A5, frankiert mit DM 1,– (bzw. mit dem gültigen Porto für Drucksachen bis zu fünfzig Gramm Gewicht), und DM 2,– in Münzen (bitte nicht in Briefmarken) als Schutzgebühr bei. Dieses Geld soll die Kosten für Papier, Druck und Versand der angeforderten Information decken und als kleine Schutzgebühr zusätzlich sicherstellen, daß niemand schreibt, der es mit seiner Stellungnahme nicht ernst meint. Ab 1. August 1992 liegt ein erster **Sonderdruck mit Antworten auf alle Fragen und Anregungen** vor, die bei uns eingegangen und von allgemeinem Interesse sind. Diesen Sonderdruck schicken wir Ihnen zu, wenn Sie uns schreiben und die Schutzgebühr beilegen. Sie profitieren also auch von den Anregungen anderer Leser. Der Sonderdruck wird alle halbe Jahre aktualisiert – also jeweils zum

1. August und 1. Feburar eines Jahres. Dieser Service ist befristet bis zum 31. 12. 1995. Sie können ihn selbstverständlich auch regelmäßig, alle halbe Jahre in Anspruch nehmen. In diesem Fall sollten Sie jeweils eine Fotokopie des Kupons einsenden.
Bitte haben Sie Verständnis dafür, daß falsch frankierte Rückumschläge aus unserem Leserservice herausfallen.
Und eines noch zu guter Letzt: Die Herausgabe der Sonderdrucke ist ein ganz persönlicher Service des Autors für die Leser dieses Buchs und außerhalb der Verantwortung des Verlages. Richten Sie deshalb Ihre Zuschriften nur an die angegebene Adresse und **nicht** an den Verlag!

Diese Seite läßt sich leicht heraustrennen, ohne das Buch zu beschädigen.

Beruf und Karriere II
Dipl. Psych. Siegfried Brockert
Postfach 221
8000 München 71

Diese Seite aus dem Buch herausreißen und in einen Umschlag stecken. Bitte einen frankierten Rückumschlag (zur Zeit gültiges billigstes Drucksachen-Porto) nicht vergessen sowie eine Schutzgebühr von DM 2,– (nur als 2-DM-Münze, bitte nicht in Briefmarken). Bitte mit DM 1,– (oder dem niedrigsten Standard-Briefporto) an die nebenstehende Adresse schicken. Wenn Sie einen Fensterumschlag benutzen, erscheint die Adresse im Brieffenster.
Bitte füllen Sie den Rückantwortumschlag mit Ihrer Anschrift aus.

Anregungen, Fragen, Kritik

Ihr Absender

____

(Name)

____

(Straße)

____

(PLZ) (Wohnort)

Konzentration lernen

Beobachtungsaufgaben

Sie finden auf den nächsten Seiten fünf Beobachtungsbögen. Auf ihnen sollen Sie fünf Situationen beschreiben, bei denen Ihnen ein besonders ärgerlicher Konzentrationsmangel aufgefallen ist.
Mit den Informationen, die Sie auf diesen Bögen sammeln, und einigen Zusatzinformationen soll dann in den gleich folgenden Kapiteln ein Konzentrationsprogramm ganz nach Ihren Bedürfnissen zusammengestellt werden. Wir möchten Ihnen raten, einige Tage vergehen zu lassen, bis Sie diese fünf Fälle gesammelt haben.
Bitte versuchen Sie, beim Ausfüllen der Bögen so genau wie möglich zu beobachten und zu beschreiben. Schreiben Sie also nicht in Nummer 1 der Beobachtungsbögen einfach nur: „Mathematikhausaufgaben“, sondern: „Bruchrechnen, Aufgaben aus dem Rechenbuch, S. 34“.

Beobachtungsbogen 1

1. Genaue Beschreibung der Tätigkeit, bei der Ihnen ein Konzentrationsmangel vorgekommen ist:

----

2. Worin bestand das Konzentrationsproblem?

a) Sie sind überhaupt nicht an den Arbeitsplatz gegangen. Was haben Sie statt dessen gemacht?

Gegessen? Ja/Nein

Zeitung gelesen? Ja/Nein

Ziel- und planlos herumgelaufen? Ja/Nein

Geschlafen? Ja/Nein

oder ____

b) Sie sind an den Arbeitsplatz gegangen, haben aber nicht angefangen bzw. nach wenigen Minuten wieder aufgehört. Was haben Sie statt dessen gemacht? Zählen Sie die Tätigkeiten in der Reihenfolge stichwortartig auf!

1. ____

2. ____

3. ____

4. ____

5. ____

Haben Sie eventuell am Arbeitsplatz gesessen und geträumt oder nachgedacht? Woran haben Sie gedacht? Versuchen Sie Ihre Gedanken vollständig zu rekonstruieren!

____

____

c) Sie haben angefangen zu arbeiten, haben die Arbeit aber schneller als geplant unterbrochen. Wodurch wurden Sie abgelenkt? Sind Sie durch Äußerlichkeiten abgelenkt worden? Durch welche?

1. ______________________________________

2. ______________________________________

3. ______________________________________

4. ______________________________________

5. ______________________________________

Sind Sie durch Gedankenassoziationen abgelenkt worden? An welcher Stelle sind Sie aus Ihrem Gedankenfluß gerissen worden? Was haben Sie nicht zu Ende gedacht, weil Sie abgelenkt wurden?

1. ______________________________________

2. ______________________________________

3. ______________________________________

4. ______________________________________

5. ______________________________________

Beobachtungsbogen 2

1. Genaue Beschreibung der Tätigkeit, bei der Ihnen ein Konzentrationsmangel vorgekommen ist:

----

2. Worin bestand das Konzentrationsproblem?

a) Sie sind überhaupt nicht an den Arbeitsplatz gegangen. Was haben Sie statt dessen gemacht?

Gegessen? Ja/Nein

Zeitung gelesen? Ja/Nein

Ziel- und planlos herumgelaufen? Ja/Nein

Geschlafen? Ja/Nein

oder ______________________________

b) Sie sind an den Arbeitsplatz gegangen, haben aber nicht angefangen bzw. nach wenigen Minuten wieder aufgehört. Was haben Sie statt dessen gemacht? Zählen Sie die Tätigkeiten in der Reihenfolge stichwortartig auf!

1. ______________________________

2. ______________________________

3. ______________________________

4. ______________________________

5. ______________________________

Haben Sie eventuell am Arbeitsplatz gesessen und geträumt oder nachgedacht? Woran haben Sie gedacht? Versuchen Sie Ihre Gedanken vollständig zu rekonstruieren!

---

c) Sie haben angefangen zu arbeiten, haben die Arbeit aber schneller als geplant unterbrochen. Wodurch wurden Sie abgelenkt? Sind Sie durch Äußerlichkeiten abgelenkt worden? Durch welche?

1. __________

2. __________

3. __________

4. __________

5. __________

Sind Sie durch Gedankenassoziationen abgelenkt worden? An welcher Stelle sind Sie aus Ihrem Gedankenfluß gerissen worden? Was haben Sie nicht zu Ende gedacht, weil Sie abgelenkt wurden?

1. __________

2. __________

3. __________

4. __________

5. __________

Beobachtungsbogen 3

1. Genaue Beschreibung der Tätigkeit, bei der Ihnen ein Konzentrationsmangel vorgekommen ist:

----

2. Worin bestand das Konzentrationsproblem?
a) Sie sind überhaupt nicht an den Arbeitsplatz gegangen. Was haben Sie statt dessen gemacht?
Gegessen? Ja/Nein
Zeitung gelesen? Ja/Nein
Ziel- und planlos herumgelaufen? Ja/Nein
Geschlafen? Ja/Nein
oder ____________________

b) Sie sind an den Arbeitsplatz gegangen, haben aber nicht angefangen bzw. nach wenigen Minuten wieder aufgehört. Was haben Sie statt dessen gemacht? Zählen Sie die Tätigkeiten in der Reihenfolge stichwortartig auf!

1. ____________________

2. ____________________

3. ____________________

4. ____________________

5. ____________________

Haben Sie eventuell am Arbeitsplatz gesessen und geträumt oder nachgedacht? Woran haben Sie gedacht? Versuchen Sie Ihre Gedanken vollständig zu rekonstruieren!

____

____

c) Sie haben angefangen zu arbeiten, haben die Arbeit aber schneller als geplant unterbrochen. Wodurch wurden Sie abgelenkt? Sind Sie durch Äußerlichkeiten abgelenkt worden? Durch welche?

1. ______________________________________

2. ______________________________________

3. ______________________________________

4. ______________________________________

5. ______________________________________

Sind Sie durch Gedankenassoziationen abgelenkt worden? An welcher Stelle sind Sie aus Ihrem Gedankenfluß gerissen worden? Was haben Sie nicht zu Ende gedacht, weil Sie abgelenkt wurden?

1. ______________________________________

2. ______________________________________

3. ______________________________________

4. ______________________________________

5. ______________________________________

Beobachtungsbogen 4

1. Genaue Beschreibung der Tätigkeit, bei der Ihnen ein Konzentrationsmangel vorgekommen ist:

----

2. Worin bestand das Konzentrationsproblem?

a) Sie sind überhaupt nicht an den Arbeitsplatz gegangen. Was haben Sie statt dessen gemacht?

Gegessen? Ja/Nein

Zeitung gelesen? Ja/Nein

Ziel- und planlos herumgelaufen? Ja/Nein

Geschlafen? Ja/Nein

oder ______________________________

b) Sie sind an den Arbeitsplatz gegangen, haben aber nicht angefangen bzw. nach wenigen Minuten wieder aufgehört. Was haben Sie statt dessen gemacht? Zählen Sie die Tätigkeiten in der Reihenfolge stichwortartig auf!

1. ______________________________

2. ______________________________

3. ______________________________

4. ______________________________

5. ______________________________

Haben Sie eventuell am Arbeitsplatz gesessen und geträumt oder nachgedacht? Woran haben Sie gedacht? Versuchen Sie Ihre Gedanken vollständig zu rekonstruieren!

____

____

c) Sie haben angefangen zu arbeiten, haben die Arbeit aber schneller als geplant unterbrochen. Wodurch wurden Sie abgelenkt? Sind Sie durch Äußerlichkeiten abgelenkt worden? Durch welche?

1. ____________________

2. ____________________

3. ____________________

4. ____________________

5. ____________________

Sind Sie durch Gedankenassoziationen abgelenkt worden? An welcher Stelle sind Sie aus Ihrem Gedankenfluß gerissen worden? Was haben Sie nicht zu Ende gedacht, weil Sie abgelenkt wurden?

1. ____________________

2. ____________________

3. ____________________

4. ____________________

5. ____________________

Beobachtungsbogen 5

1. Genaue Beschreibung der Tätigkeit, bei der Ihnen ein Konzentrationsmangel vorgekommen ist:

----

2. Worin bestand das Konzentrationsproblem?

a) Sie sind überhaupt nicht an den Arbeitsplatz gegangen. Was haben Sie statt dessen gemacht?

Gegessen? Ja/Nein

Zeitung gelesen? Ja/Nein

Ziel- und planlos herumgelaufen? Ja/Nein

Geschlafen? Ja/Nein

oder ____

b) Sie sind an den Arbeitsplatz gegangen, haben aber nicht angefangen bzw. nach wenigen Minuten wieder aufgehört. Was haben Sie statt dessen gemacht? Zählen Sie die Tätigkeiten in der Reihenfolge stichwortartig auf!

1. ____

2. ____

3. ____

4. ____

5. ____

Haben Sie eventuell am Arbeitsplatz gesessen und geträumt oder nachgedacht? Woran haben Sie gedacht? Versuchen Sie Ihre Gedanken vollständig zu rekonstruieren!

____

____

c) Sie haben angefangen zu arbeiten, haben die Arbeit aber schneller als geplant unterbrochen. Wodurch wurden Sie abgelenkt? Sind Sie durch Äußerlichkeiten abgelenkt worden? Durch welche?

1. ______________________________

2. ______________________________

3. ______________________________

4. ______________________________

5. ______________________________

Sind Sie durch Gedankenassoziationen abgelenkt worden? An welcher Stelle sind Sie aus Ihrem Gedankenfluß gerissen worden? Was haben Sie nicht zu Ende gedacht, weil Sie abgelenkt wurden?

1. ______________________________

2. ______________________________

3. ______________________________

4. ______________________________

5. ______________________________

Ergänzen Sie die Informationen, die Sie bisher über sich zusammengestellt haben. Tragen Sie auf den folgenden zwei Listen alles ein, was Sie so am Tag tun. Also Arbeit, wobei Sie genau differenzieren sollten, Freizeitbeschäftigungen, essen, fernsehen, Schuhe putzen etc. Trennen Sie dabei nach Arbeiten, die Sie gerne, schnell und konzentriert verrichten (sie stehen links auf der Liste), und solchen, die Sie nur ungern machen, bei denen Sie trödeln, bei denen Sie also unkonzentriert sind (auf der Liste rechts).

a) Konzentriert mache ich	b) Unkonzentriert mache ich
______________________	______________________
______________________	______________________
______________________	______________________
______________________	______________________
______________________	______________________
______________________	______________________
______________________	______________________
______________________	______________________
______________________	______________________
______________________	______________________

Wobei sind Sie konzentriert, wobei unkonzentriert?

Schließen Sie diese Übung damit ab, daß Sie die ausgefüllten Listen noch einmal genau durchlesen. Schreiben Sie sich dann einige Beobachtungen heraus:

1. Welches sind die fünf Tätigkeiten, durch die Sie sich am häufigsten bzw. am liebsten davon abhalten lassen, überhaupt an die Arbeit zu gehen?

1. ______________________________

2. ______________________________

3. ______________________________

4. ______________________________

5. ______________________________

2. Welches sind die fünf Tätigkeiten, die Sie am ehesten ausführen, wenn Sie sich gleich nach Arbeitsbeginn nicht für länger konzentrieren können?

1. ______________________________

2. ______________________________

3. ______________________________

4. ______________________________

5. ______________________________

3. Welches sind Ihre fünf liebsten Tagtrauminhalte?

1. ______________________________

2. ______________________________

3. ______________________________

4. ______________________________

5. ______________________________

4. Was stört Sie am meisten, wenn Sie arbeiten? Durch welche fünf Störfaktoren werden Sie am stärksten abgelenkt?

1. ______________________________

2. ______________________________

3. ______________________________

4. ______________________________

5. ______________________________

5. Gibt es Punkte bei Ihrer geistigen Arbeit, an denen Sie typischerweise aus Ihrem Gedankenfluß gerissen werden?

1. ______________________________

2. ______________________________

3. ______________________________

4. ______________________________

5. ______________________________

6. Schreiben Sie jetzt aus der Liste der Tätigkeiten, die Sie konzentriert verrichten, die fünf auf, die Ihnen am wichtigsten erscheinen.

1. ______________________________

2. ______________________________

3. ______________________________

4. ______________________________

5. ______________________________

7. Machen Sie jetzt dasselbe mit der Liste der Tätigkeiten, die Sie unkonzentriert machen. Welches sind hier die fünf wichtigsten?

1. ______________________________

2. ______________________________

3. ______________________________

4. ______________________________

5. ______________________________

Das Vorgehen war vielleicht etwas mühsam, aber Sie haben jetzt in mehreren Schritten die neuralgischen Punkte Ihres Arbeitsverhaltens herausdestilliert.
Bei den Tätigkeiten, die Sie konzentriert und gern verrichten, sollten Sie sich selbst immer wieder bei der Arbeit beobachten und erstens von sich selbst lernen, was Sie tun müssen, damit Ihnen die Dinge leichter von der Hand gehen.

Zweitens soll Ihnen diese Positiv-Liste Rückhalt geben. Wenn Sie einmal völlig verzweifelt sind und glauben: Ich kann mich nicht konzentrieren, dann sollten Sie auf diese Liste schauen. Auf ihr stehen die guten Nachrichten.
Sie lauten: Ich kann mich konzentrieren! Ich muß nur lernen, an viel mehr Themen und Aufgaben mit demselben Gleichmut heranzugehen.
Wie das geht, ist Thema der folgenden Kapitel.
In der Liste der Tätigkeiten, die Sie unkonzentriert verrichten, stehen jetzt Ihre wichtigsten Problemgebiete. Die anderen Informationen auf den Beobachtungsbögen geben Ihnen wichtige Hinweise, auf welchen Wegen und Abwegen Ihr Geist Sie von der Arbeit wegführt.
Wie Sie mit diesem Verhalten umgehen sollen, ist – wie gesagt – Thema der nächsten Kapitel.
Was mit diesen Listen geschehen soll, beschreibt das folgende Kapitel.

Der schwierige Arbeitsbeginn

Im folgenden geht es darum, zu üben, gleich mit der Arbeit anzufangen, statt um sie „herumzuschleichen". Nehmen Sie sich einmal die Zusammenfassung Ihrer Beobachtungen vor.
Welches sind die fünf Tätigkeiten, durch die Sie sich am häufigsten davon abhalten lassen, überhaupt an die Arbeit zu gehen: Zeitung lesen, essen, aufräumen, jemanden anrufen oder etwas anderes?
Wenn Sie durch die Beobachtungsaufgaben solche ständig bei Ihnen wiederkehrenden Verhaltensweisen erkannt ha-

ben, haben Sie einen wesentlichen Schritt zur Behebung Ihrer Konzentrationsprobleme getan. Vorausgesetzt, Sie vermeiden einen folgenschweren Fehler. Sie könnten sich nämlich ungefähr sagen: Wenn ich, statt an die Arbeit zu gehen, regelmäßig in die Küche gehe und etwas esse und mich auf diese Weise verzettele, dann muß ich mir diese Art zu essen abgewöhnen, und damit habe ich auch mein Konzentrationsproblem gelöst.
Das klingt logisch – aber in Wirklichkeit schaffen Sie sich so ein zweites Problem. Denn statt zu üben, wie Sie ohne langes Hin und Her anfangen könnten zu arbeiten, und so das eigentliche Problem zu lösen, bürden Sie sich als weiteres Problem auf, Ihre Eßgewohnheiten zu verändern. Es ist abzusehen, daß Ihnen beides nicht gelingen wird. Das kann man sich durch eine einfache Überlegung verdeutlichen. Stellen Sie sich einmal vor, daß man zu jeder Arbeit, die man verrichtet, ein bestimmtes Maß an Energie braucht. Daß man weiter um so mehr Energie braucht, je größer die zu der Arbeit nötige Willensanstrengung ist. Und daß das Energiereservoir, das einem zur Verfügung steht, in einer bestimmten Zeiteinheit (also etwa an einem Nachmittag) nicht unbegrenzt ist. Daraus folgt, daß alle Energie, die man – wie hier im Beispiel – zur Veränderung der Eßgewohnheit einsetzt, für die geistige Arbeit nicht mehr zur Verfügung steht.

Übung 1: Bekämpfen Sie Ihr schlechtes Gewissen

Machen Sie es sich zur festen Gewohnheit (und das schafft man nur durch Übung, dadurch, daß man es tut, und nicht dadurch, daß man darüber nachdenkt), alles, was Sie tun, um ja nicht an die Arbeit zu gehen, mit Freude und ohne Gewissensbisse zu tun. Sicher ist es schlecht, sich in der Küche Essen zu machen, wenn Sie dadurch Arbeitszeit verlieren. Noch schlechter aber ist es, wenn Sie durch Selbstvorwürfe, Selbstbeschuldigungen usw. noch mehr Zeit verlieren und so unzufrieden werden, daß Sie sich gar nicht mehr auf Ihre Arbeit konzentrieren können.

Übung 2: Wenigstens beim Abgelenktsein konzentrieren

Wenn Sie sich schon nicht dazu bringen können, mit der Arbeit anzufangen, dann konzentrieren Sie sich wenigstens auf die Dinge, die Sie „statt dessen" tun. Das mag paradox klingen, aber das ist es nicht. Konzentration kann man üben. Immer wenn man etwas konzentriert macht, tut man auch etwas, um seine Konzentrationsfähigkeit zu verbessern. Wenn Sie hingegen nicht einmal bei den Tätigkeiten, die Sie spontan beginnen und eigentlich gerne tun, bei der Sache sind, wie können Sie das dann von sich bei unangenehmen Tätigkeiten verlangen?

Übung 3: Entspannen Sie sich vor der Arbeit

Beginnen Sie jede Arbeit mit einer Entspannungsübung. Verlangen Sie nicht von sich, daß Sie sich von einem Augenblick auf den anderen in die Arbeit stürzen können. Nehmen Sie sich statt dessen Zeit – es genügen einige Minuten, in denen Sie sich sammeln. In diesen Minuten werden Ihnen eine Menge Einfälle kommen, was Sie alles noch machen können (oder sollten), bevor Sie an die Arbeit gehen. Verdrängen Sie diese Einfälle nicht. Holen Sie sie vielmehr ans Licht. Schreiben Sie sie auf, und versuchen Sie dann mit dem Verstand zu entscheiden, ob Sie sie sofort (und dann ohne Gewissensbisse, vielmehr konzentriert) erledigen wollen oder ob Sie das später tun sollten.

Übung 4: Nehmen Sie sich nur ganz wenig vor

Wenn Sie schon nicht anfangen können, verlangen Sie wenigstens nicht von sich, daß Sie die Arbeit auch noch durchhalten müssen. Nehmen Sie sich statt dessen vor, nur eine ganz kurze Zeit zu arbeiten – etwa zehn Minuten – und dann allen Ihren Gewohnheiten zu frönen.
Nehmen Sie sich im Extremfall vor, an den Schreibtisch zu gehen und die Seite des Buches aufzuschlagen, die Sie lesen wollen. Machen Sie dann sofort eine Pause. Laufen Sie weg, wenn Sie ein übergroßes Unlustgefühl überkommt. Setzen Sie sich irgendwo hin, wo Sie Ruhe finden, sammeln Sie sich, und nehmen Sie dann einen neuen Anlauf. Beschließen Sie z. B., die erste Seite zu lesen.
Nur diese Seite! Tun Sie es, und brechen Sie dann ab, auch wenn Sie noch weiterlesen könnten. Üben Sie dieses Anfangen, und steigern Sie dann vorsichtig die Zeitperioden, die Sie bei der Arbeit verbringen. Sie können sich z. B. einen Küchenwecker stellen und sich vornehmen, vielleicht fünf Minuten durchzuhalten, um dann abzubrechen. Das ist auf jeden Fall vernünftiger, als stundenlang am Schreibtisch zu sitzen und gar nichts zu tun.

Übung 5: Das Schwierigste aus dem Weg räumen

Nehmen Sie sich die unangenehmsten Dinge zuerst vor. Tasten Sie sich langsam heran. Lesen Sie, bevor Sie mit einem schweren neuen Kapitel in einem Buch beginnen, zuerst einige Seiten, die Sie schon verstanden haben. Packen Sie dann aber den Stier bei den Hörnern!

Übung 6: Erst arbeiten, dann bearbeiten

Erwarten Sie nicht von sich, daß Sie immer sehr gute Leistungen erbringen. Gewöhnen Sie sich statt dessen eine gewisse Wurstigkeit den eigenen Aufgaben gegenüber an. Lesen Sie einfach drauflos, rechnen Sie drauflos, schreiben Sie drauflos, denken Sie erst einmal drauflos. Machen Sie danach eine Pause, und versuchen Sie dann die eigene Arbeit zu bewerten. Sehen Sie, wo Fehler sind, wo man etwas besser machen kann.
Korrigieren Sie jetzt, was Ihnen nicht gefällt.

Übung 7: Fangen Sie stets „fix" an

Versuchen Sie, bei allem, was Sie außerhalb der Arbeit machen, schnell anzufangen. Denn so wie man Konzentrationsfähigkeit üben kann, kann man auch üben, mit der Arbeit anzufangen. Und man sollte deshalb jede Gelegenheit dazu nutzen.

Übung 8: Arbeitsvorbereitung am Abend vorher

Oft kommen die „Anfang“-Schwierigkeiten daher, daß man nicht genau weiß, was man eigentlich tun will. Deshalb lohnt es sich, die Arbeit so genau zu planen, daß man weiß, worauf man sich einzustellen hat. Ein guter Trick ist, sich am Abend vorher zurechtzulegen, was man am nächsten Tag in Angriff nehmen will.

Übung 9: Holen Sie sich einen „Aufpasser“

Manchmal hilft es, wenn man einen Menschen bittet, einfach nur so lange im Zimmer zu sitzen, bis man „den Dreh gefunden hat“. Man kann diesen Menschen auch bitten, einen zur Arbeit zu ermahnen. Das ist allerdings ein Freundschaftsdienst, der nicht immer gelohnt wird.
Sie werden sich vielleicht fragen, warum ich die vorstehenden guten Ratschläge „Übungen“ genannt habe. Das hängt mit dem vielleicht wichtigsten Punkt in diesem Buch zusammen: Sie können Ratschläge nicht dadurch befolgen, daß Sie sich das im Kopf vornehmen. So etwas muß man üben, was Wochen und Monate dauern kann, aber nur so gehen die Dinge in Fleisch und Blut über.
Sie sollten dieses Buch durchgehen wie einen Versandhauskatalog und sich einige wenige Ratschläge heraussuchen, die Ihnen persönlich einleuchten und wichtig erscheinen. Und die sollten Sie dann zu befolgen lernen. Man löst seine Probleme nämlich nicht dadurch, daß man neue Einsicht in sie gewinnt, sondern dadurch, daß man sein Verhalten, seine Gewohnheiten ändert.

Konzentriert arbeiten zu lernen ist genauso leicht (oder genauso schwer), wie sich das Rauchen abzugewöhnen, eine Diätvorschrift einzuhalten oder das Tempo hundert auf der Landstraße nicht zu überschreiten. Man muß sich so etwas an- bzw. abgewöhnen. Die Einsicht, daß etwas gut und richtig ist, hilft allein noch gar nichts.

Bei der Arbeit bleiben

Im folgenden geht es darum, zu üben, eine Tätigkeit, mit der Sie glücklich angefangen haben, auch „durchzuhalten".

Übung 1: Machen Sie einen genauen Arbeitsplan

Versuchen Sie, so gut es nur geht, sich vor Beginn jeder Arbeit zu überlegen, was Sie tun wollen. Schreiben Sie sich das auf einen Zettel und hängen Sie ihn so vor sich an die Wand, daß Ihr Blick leicht darauf fällt. Dies ist eine gute Gedächtnisstütze, denn man kann beim Arbeiten (genauso wie beim Geschichtenerzählen) vom Hundertsten ins Tausendste kommen. Das kann man durch einen genauen Arbeitsplan vermeiden.

Übung 2: Führen Sie ablenkende Gedanken zu Ende

Versuchen Sie nicht, ablenkende Gedanken zu verdrängen. Sie werden es kaum schaffen. Machen Sie genau das Gegenteil. Folgen Sie jeder ablenkenden Idee. Schreiben Sie auf, was Sie denken. Sprechen Sie es auf Tonband. Überzeugen Sie sich selbst davon, ob der betreffende Gedanke wirklich interessanter oder wichtiger für Sie ist als das, was Sie eigentlich tun (wollen). Wenn Sie dies einige Tage lang ausgeführt haben, werden Sie möglicherweise feststellen, daß bestimmte ablenkende Gedanken oder Tagträume mit einer gewissen Regelmäßigkeit auftreten. Wenn Sie solche „Standard-Ablenkungsthemen“ bei sich entdeckt haben, nehmen Sie sich einmal die Zeit, sie besonders intensiv und sorgfältig bis zu einem Ende weiterzuspinnen. Irgendwann fällt einem ja nichts Neues mehr ein. Wenn dann die entsprechenden Gedanken bei der Arbeit wieder auftauchen, können Sie sie sehr schnell zu Ende denken.

Übung 3: Suchen Sie sich einen arbeitsfördernden Platz zum Arbeiten

Versuchen Sie herauszufinden, ob das Auftauchen störender Einfälle dadurch eingeschränkt werden kann, daß Sie den Arbeitsplatz wechseln.

Übung 4: Verlassen Sie Ihren alten Trott

Wechseln Sie, wenn nicht den Arbeitsplatz, so doch den Arbeitsstil. Gehen Sie beim Lesen umher, lernen Sie laut, brüllen Sie die neu zu lernenden Vokabeln. Wechseln Sie die Arbeitskleidung (manchmal hilft es, wenn man beim Studieren nicht immer Räuberzivil trägt, sondern Kleidung, in der man sich selbst schick findet).

Übung 5: Lernen Sie, Pausen zu machen

Üben Sie, regelmäßig Pausen einzulegen. Vielleicht werden Sie denken, Pausen zu machen sei das einzige, was Sie gut können. Das muß nicht unbedingt richtig sein. Viele Menschen arbeiten nämlich so lange ohne Pause, bis sie wirklich nicht mehr können. Das ist unvernünftig. Sie sind dadurch nämlich meist von der Arbeit erschöpft und brauchen eine lange Erholungszeit. In einer solchen längeren Periode ist es aber eher möglich, daß man sich einer völlig sachfremden Tätigkeit zuwendet und an ihr „hängenbleibt", als wenn man etwa alle halbe Stunde bewußt fünf Minuten lang eine „schöpferische Pause" einlegen würde.
Zudem entwickelt man gegen eine Tätigkeit, bei der man sich zu konzentriertem Vorgehen zwingen muß, Aversionen. Je länger man mit ihr zu tun hat, desto größer werden sie, und irgendwann hat man dann einfach genug. Auf diese Weise kann man sich aber seine Arbeit gründlich vergällen. Und dann fällt es schwer, nach einer Pause wieder anzufangen.

Übung 6: Entspannen Sie sich konzentriert

Es gibt eine Reihe von Möglichkeiten, die konzentrierte Zuwendung zu einer Tätigkeit an Spielen zu üben: Geduldsspiele, Kartenspiele, alle Kampfspiele wie Schach, Halma, Mühle oder auch Memory sind dafür geeignet. Die meisten Sportarten erfordern Konzentration und Durchhaltevermögen. Eine hervorragende Aufmerksamkeitsschulung gerade für jüngere Schulkinder sind Konstruktionsbaukästen, Puzzles oder Modellbauaufgaben. Sie erfordern Konzentration, bieten aber zugleich die Möglichkeit, selbst etwas zu tun. Dies unterscheidet sie so wohltuend von der Freizeitbeschäftigung Nummer eins, dem Fernsehen. Sicher ist das Fernsehen deshalb für die Konzentrationsfähigkeit so schädlich, weil man dabei nur die passive, rezeptive Zuwendung zu einer Sache übt. Man vernachlässigt dabei die für eigene Arbeit so wichtige aktive Zuwendung.

Atemtechnik zur Gedankenkontrolle

Die bisher beschriebenen Konzentrationsübungen dienen samt unseren Überlegungen dazu, das Problem des Konzentrationsmangels bei geistiger Arbeit zu beheben. Es wurde gezeigt, wie man sich vor Beginn der Arbeit entspannen und sammeln („konzentrieren") kann und welche Arbeitsbedingungen oder Lebensumstände die Fähigkeit, sich zu konzentrieren, beeinträchtigen können. Die Auswirkungen dieses Konzentrationstrainings bleiben aber nicht auf die Arbeit beschränkt. Schafft man es, konzentriert zu arbeiten, so wird dies unweigerlich positive Folgen für das gesamte Leben haben – nicht nur, weil man seine Arbeit in kürzerer Zeit schafft. Jede konzentriert durchgeführte Tätigkeit ist nämlich an sich befriedigend.
Eine kleine Beobachtung der italienischen Pädagogin Maria Montessori mag dies erläutern: Maria Montessori sah in ihrem Kindergarten einmal ein Mädchen, das Holzstöpsel von unterschiedlicher Größe in die entsprechenden Öffnungen eines Holzblocks steckte, herausnahm und wieder hineintat. Die Konzentration dieses Kindes bei der Handhabung dieses Lernmittels war so groß, daß es seine Umge-

bung ganz vergaß. Es wurde mit seinem Sesselchen und seinem Tisch weggetragen. Es bemerkte es nicht. Die Kleine wiederholte ihre Tätigkeit 44mal. Und als das Kind endlich aufhörte, blickte es vergnügt umher, war nicht ermüdet, sondern benahm sich wie nach einem erquickenden Schlaf. Zu einer so intensiven Konzentration scheinen fast nur Kinder fähig zu sein. Erwachsene haben meist immer mehr als nur eine Sache im Kopf. Diese gleichzeitige gedankliche Beschäftigung mit mehreren Dingen verhindert natürlich eine hundertprozentige Konzentration, nicht nur bei der Arbeit, sondern auch in vielen anderen Lebenssituationen. (Man denke nur daran, wie viele Menschen allgemein über ihre Vergeßlichkeit klagen.)
Aus diesem Grund soll hier eine Methode angeführt werden, wie man seine Gedanken besser unter Kontrolle halten kann, wie man allgemein das Kreisen der Gedanken, das ziel- und oft auch sinnlose Assoziieren abstellen kann.
Es hilft bei dieser Übung, wenn Sie sich bewußt machen, daß auch das menschliche Gehirn ein Organ des Körpers ist, wie Magen, Leber oder Milz – natürlich mit anderen Funktionen und einer anderen Funktionsweise. Und es hilft, wenn man sich eingesteht, daß die „natürliche Funktion" dieses Körperorgans „Gehirn" das Denken ist, genauso wie die „natürliche Funktion" des Magens das Verdauen ist.
Eine solche Überlegung hat einen ganz praktischen Nutzen. Man kann damit ein wenig den Respekt vor den eigenen Gedanken abbauen. Nicht jeder Gedanke ist wirklich wert, gedacht zu werden. Wenn man den Vergleich mit dem Magen noch etwas strapazieren will, kann man sagen, daß viele menschliche Gedanken oft so etwas wie Verdauungsbeschwerden sind.

Ein total mit Sinnesreizen, Informationen und selbstproduzierten Ideen „überfüttertes" Gehirn schafft es nicht mehr, alles zu „verdauen". Manchmal können Gedanken auch ein Zeichen für völlige Leere im Gehirn sein, vergleichbar mit dem Magenknurren. Oft wünscht man sich, man hätte Klarheit im Kopf, nicht weil man eine bestimmte Arbeit verrichten will, sondern weil das Leben ohne Konzentration vor einem abläuft wie ein Film. Die Übung, die im folgenden vorgestellt wird, soll zu solch einer Konzentration verhelfen. Warum es mit ihr möglich ist, das freie Schweifen der Gedanken zu unterbinden, ist nicht vollständig geklärt. Daß es aber möglich ist, ist eine alte Erfahrung. Zwei Atemtechniken müssen Sie einüben, die Zwerchfellatmung und das Ein- und Ausatmen nur durch die Nase. Zur Beherrschung des letzteren brauchen Sie sich nur ab und zu daran zu erinnern.

Zwerchfellatmung

Es gilt die Faustregel, daß man immer dann das Zwerchfell richtig für die Atmung einsetzt, wenn sich die Schultern beim Atmen nicht heben. Das Anheben der Schultern können Sie dadurch vermeiden, daß Sie diese Atemtechnik im Sitzen einüben, wobei Sie die Unterarme auf die Oberschenkel stützen. Es wäre eine gute Vorübung, die sich ruhig über Wochen oder gar Monate hinziehen kann, wenn Sie das Atmen mit dem Zwerchfell immer wieder einmal probieren. Ob Sie es beherrschen, können Sie leicht überprüfen: Stellen Sie sich vor einen Spiegel, und beobachten Sie beim Atmen, ob sich die Schultern mitheben. (Im Stehen können Sie sich eine Zwerchfellatmung dadurch angewöhnen, daß Sie die Schultern und Schulterblätter nach hinten pressen.)

Ruhiger Atem

Nur der ruhig atmende und körperlich entspannte Mensch kann sich konzentrieren. „Dein Gemüt ist an Hetzen und Jagen, Rennen, Zucken und Springen gewöhnt", sagte der Pädagoge Friedrich Riemkasten. „Diese Untugend hast du bereits herabgemildert durch Atmen und Entspannen. Ob dies der Fall ist, erkennst du an folgenden Zeichen: Wenn du weißt, daß du immerhin fünf Minuten lang dasitzen kannst, die Augen geschlossen, gleichmäßig atmend, den Atem beobachtend..." Machen Sie diese Übung!

Ein- und Ausatmung verlängern

Gewöhnlich macht ein Mensch in einer Minute fünfzehn Atemzüge. Das heißt, daß er für die Ein- und Ausatmung je zwei Sekunden braucht. Versuchen Sie diesen Zeitabschnitt auf je fünf Sekunden auszudehnen.
Setzen Sie sich dazu gerade, aber nicht verkrampft hin. Sie müssen sehr fest sitzen, so daß der Körper keine überflüssigen Bewegungen ausführt. Atmen Sie wieder, ohne die Schultern zu heben (Zwerchfellatmung). Atmen Sie ruhig und langsam, und sehen Sie dabei eine Minute lang auf eine Uhr, so daß Sie ungefähr abschätzen können, wie viele Sekunden Sie für jeden Atemzug brauchen. Üben Sie nicht länger als fünf Minuten, atmen Sie langsamer, nicht tiefer als gewöhnlich. Der Sinn dieser Übung liegt darin, daß Sie ein Gefühl für Rhythmus und Regelmäßigkeit beim Atmen bekommen.
Alternativ zu der eben beschriebenen Übung können Sie auch etwa zwanzig bis dreißig sehr kurze Atemzüge

(Zwerchfellatmung, und zwar durch die Nase) machen. Für Anfänger empfiehlt es sich, nicht mehr als fünf solcher Atemzüge zu machen. Es geht hier ja nicht um Rekorde. Deshalb sollte man diese Übungen auch beim ersten Anzeichen eines Unlustgefühls sofort abbrechen.

„Ununterbrochenes Atmen"

Versuchen Sie, den Atem nicht mehr anzuhalten (auch nicht für Bruchteile einer Sekunde), sondern das Einatmen in das Ausatmen übergehen zu lassen. Diese Technik des „ununterbrochenen Atems", verbunden mit einer Verlangsamung der Ein- und Ausatmung, hat eine entscheidende konzentrationssteigernde Wirkung. Wird der Atemprozeß sehr stark herabgesetzt, kann man feststellen, daß es unmöglich ist, verschiedenen Gedanken gleichzeitig nachzuhängen. Zwangsläufig kann nur ein Gedanke, eine Vorstellung, ein Gefühl in uns Platz haben. Der ununterbrochene Atem wird in Indien als eines der wirksamsten Hilfsmittel zur Aneignung der Konzentrationsfähigkeit betrachtet. Die Zeit allerdings, die man braucht, bis man diese Atemtechnik beherrscht, sollte man, wie schon gesagt, nicht in Wochen, sondern in Monaten messen.

Sich von äußeren Reizen befreien

Ähnlich wie man sich davon befreien kann, ein Spielball der eigenen Gedanken und Assoziationen zu sein, kann man versuchen, eine bestimmte Unabhängigkeit von den Reizen der Außenwelt zu bekommen. Es ist klar, daß dies eine entscheidende Voraussetzung für das Gelingen von geistiger Arbeit ist. Man muß aus dem, was man hört, herausfiltern, was für einen wichtig ist. Man muß das sehen (und bewußt sehen), was wichtig ist, und darf den Blick nicht abschweifen lassen. Diese „Geisteshaltung“ kann man aber kaum während der Arbeit einüben. Man sollte sie sich vielmehr zum allgemeinen Lebensgrundsatz machen.

Übungen zur besseren Kontrolle der optischen Reize

1. Hier ist eine Übung, bei der man in ruhigem, ausgeglichenem Sitz die Augen weit aufmachen soll, wie ein Fotoobjektiv. Die Augen sollen also nicht umherirren, aber auch keinen Gegenstand fixieren. Sie bleiben einfach nur offen für alle einfallenden Sinnesreize.
Eine solche Übung läßt sich besonders gut in den Abendstunden durchführen, wenn das Tageslicht schwächer wird und die Gegenstände in der Wohnung oder draußen von Minute zu Minute ihr Aussehen verändern.
2. Einen Schritt weiter führt die folgende Übung: Beobachten Sie einen bestimmten Vorgang in der „Geisteshaltung“, die eben beschrieben wurde. Was Sie beobachten, kann das Licht einer Kerze sein, ein Kaminfeuer, oder Sie können – einer Empfehlung Rudolf Steiners folgend – jeden Tag zu einer bestimmten Zeit die Wolken betrachten und ihre Veränderungen beobachten. Es ist auch möglich, ein Haustier (etwa eine spielende Katze) in dieser Weise zu beobachten, ein Kind, Menschen, die arbeiten – es sollte also irgend etwas sein, das sich bewegt. Der Blick sollte darauf haften, und Sie sollten versuchen, nichts anderes zu sehen, an nichts

anderes zu denken. So erreichen Sie zwanglos eine unverkrampfte Konzentration.
3. Noch weiter führt es, wenn Sie sich kleine Aufgaben stellen. Schauen Sie ein Bild an, vielleicht eine Minute lang, schließen Sie dann die Augen, und versuchen Sie, das Bild in Ihrem Gedächtnis zu rekonstruieren. Zwingen Sie sich dabei nicht zu einer Leistung, warten Sie lieber ganz „beschaulich", bis das Bild in Ihnen neu entsteht.
4. Eine andere Aufgabe, die die optische Wahrnehmung fesselt, machen Kinder besonders gern, aber auch Erwachsene sollten das ruhig probieren: Tragen Sie eine nicht zu kleine, randvoll mit Wasser gefüllte Schüssel eine Weile umher. Eine solche Übung – so wird berichtet – hat ein berühmter indischer Yogi einem jungen Mann abverlangt, der in seine Schule aufgenommen werden wollte.
Wenn Sie die beschriebenen Übungen ganz nach Ihrem Belieben eine Weile gemacht haben und nunmehr Lust nach einer schwierigeren Aufgabe verspüren, dann sollten Sie die Übungen irgendwo machen, wo es nicht mehr so ruhig ist wie am Sonntagnachmittag zu Hause: im Büro, auf einem Spaziergang, in der Straßenbahn, bei einem Schaufensterbummel oder anderswo.

Übungen zur besseren Kontrolle der akustischen Reize

1. Ebenso wie auf optische Reize kann man auch die Konzentration auf akustische Reize üben. Das ist schwerer, weil man ja leichter „wegsehen" als „weghören" kann, aber es ist möglich. Z. B. kann man während eines Musikstücks versuchen, ein Instrument zu verfolgen und die anderen Instrumente zu überhören. Ebenso kann man versuchen, die Wor-

te einer bestimmten Person herauszuhören, wenn viele Menschen durcheinanderreden.

2. Eine gute Konzentrationsübung ist auch das Horchen auf den eigenen Atem. Dieses Geräusch filtern wir meist „unbewußt“ aus, wir nehmen es so gut wie nie zur Kenntnis. Es eignet sich aber hervorragend, unsere Aufmerksamkeit zu fesseln. Wenn Sie eine der Atemübungen machen, die in diesem Buch vorgeschlagen werden, Sie sich aber nicht voll darauf konzentrieren können, weil Sie immer an etwas anderes denken, etwas in Ihrer Umgebung betrachten oder auf die Geräusche um sich herum hören müssen, dann sollten Sie die Augen schließen und bewußt auf das Geräusch Ihres Atems hören. Das ist die beste Unterstützung, die Sie für das Gelingen der Atemübungen finden können, und zugleich die sicherste Methode, akustisch „abzuschalten“.

Konzentrationsmangel infolge Ermüdung

Der einfachste, „natürlichste“ Grund, auf den ein Mangel an Konzentration zurückgeführt werden kann, ist körperliche oder geistige Überarbeitung.

Es mag überflüssig erscheinen, hierauf näher einzugehen, und auch die Übungen, die zur Behebung dieses Konzentrationsmangels empfohlen werden, sollten eigentlich einer Erwähnung nicht bedürfen. Denn jeder Mensch weiß, was man gegen Ermüdung und ihre Folgen tut: gar nichts. Man macht eine Pause. Leider ist es aber dennoch sinnvoll, unsere Überlegungen an diesem Punkt zu beginnen, denn sehr viele Menschen scheinen gar nicht mehr in der Lage zu sein, einmal richtig Pause zu machen.

In diesem Kapitel soll also davon die Rede sein, wann und wie man Arbeitspausen macht, wenn man bis zum Zustand der Ermüdung gearbeitet hat.
Um das Thema genauer abzugrenzen, seien hier zwei weitere häufige Ermüdungszustände genannt, deren Ursachen nicht in einer organischen Müdigkeit liegen:
1. Viele Menschen sind überarbeitet, jedoch nicht aufgrund dessen, was sie in den zurückliegenden Minuten oder Stunden geleistet haben; die Müdigkeit ist bei ihnen ein Dauerzustand. Sie haben sich bei ihrer Arbeit so verausgabt, daß sie eine Besserung ihres Zustandes nicht von Pausen oder Entspannungsübungen erwarten können, sondern nur von einer grundlegenden Änderung ihrer Arbeitsgewohnheiten.
2. Man kann auch überarbeitet sein, ohne daß man sehr viel getan hat. Dabei handelt es sich um eine psychologisch bedingte Abgespanntheit, die man sich oft selbst kaum erklären kann (geschweige denn einem anderen Menschen, etwa dem abends erschöpft, aber glücklich von der Arbeit heimkehrenden Ehepartner).
Wie wirkt sich Ermüdung auf die Konzentrationsfähigkeit aus?
Der Psychologieprofessor H. Schmidtke von der Technischen Universität München berichtet von einem Erlebnis, das er vor einigen Jahren nach einer mehrstündigen Autofahrt hatte:

> *Auf der nur schwach befahrenen Autobahn sah er vor sich einen Lastwagen, der in die gleiche Richtung fuhr – allerdings wesentlich langsamer. Schmidtke erkannte, während er sich mit seinem viel schnelleren Wagen dem Lkw näherte, daß es sich um einen Möbeltransportwagen handelte. Er las den Namen der Speditionsfirma, den Herkunftsort, die wichtigste Maßnahme hingegen,*

die Beobachtung des nachfolgenden Verkehrs und die Einleitung des Überholmanövers, unterblieb. Nur die Schreckreaktion eines ebenfalls nicht völlig wachen Mitfahrers ermöglichte ein radikales Bremsen. Andernfalls wäre Schmidtke mit großer Wahrscheinlichkeit „sehenden Auges" auf den Lkw aufgefahren.

Was zeigt dieses Erlebnis? Drei Punkte sind hier wichtig:

- Selbst im Zustand großer Ermüdung funktionieren die Sinnesorgane noch fehlerfrei. (Untersuchungen legen sogar nahe, daß Sinnesorgane selbst überhaupt nicht ermüden können.)
- Auch die Reizleitung zum Gehirn ist bei Ermüdung nicht gestört: Schmidtke hatte den Lkw, ja sogar den Firmennamen und den Herkunftsort des Fahrzeuges fehlerfrei erkannt.
- Was nicht funktioniert hat, war die Verarbeitung der Reize im Zentralnervensystem; so blieben die wichtigen Befehle an die motorischen Zentren zur Lenkkorrektur aus.

Der Grund für das unkonzentrierte Fahrverhalten des Professors lag also in einer Beeinträchtigung der Funktion seines Zentralnervensystems. Hier ist wichtig festzuhalten, daß sich diese Beeinträchtigungen zuerst bei den schwierigeren geistigen Leistungen zeigen. Und gerade das macht lange Autofahrten so gefährlich. Viele Handgriffe beim Autofahren sind so gut eingeübt, daß man sie wirklich „im Schlaf" könnte: Gänge schalten, blinken, ja sogar Lenkkorrekturen. Man muß dabei ja auch nicht nachdenken. Und dieses Funktionieren vermittelt vielen Autofahrern das trügerische

Gefühl, sie seien auch nach langer Fahrt noch völlig Herr ihrer Reaktionen. Wenn dann aber in einer kritischen Situation plötzlich die Verarbeitung von vielen Eindrücken innerhalb von Sekundenbruchteilen gefordert wird, „schaltet" man nicht mehr richtig, und so entstehen Unfälle. Viele Menschen, die übermüdet in Verkehrsunfälle geraten sind, berichten, wie sie das Unheil genau kommen sahen und doch nichts dagegen unternehmen konnten. Man ist wie gelähmt, aber nicht unbedingt vor Schreck, sondern weil man zu abgespannt, zu müde, zu unkonzentriert ist, um noch das Richtige zu tun.

Die meisten Menschen merken zwar, wann sie richtig müde sind. Wann die Konzentrationskraft aber schwindet, merken sie nicht immer, weil sie die Warnsignale, die ihnen der Körper gibt, nicht richtig deuten. Die folgende Liste kann zur Orientierung helfen.

Es gibt drei Anzeichen für ein Nachlassen der Konzentrationskraft. Die Konzentrationskraft läßt erstens nach, wenn man Dinge übersieht, überhört oder sonstwie nicht bemerkt.

Dazu wieder das Beispiel von einem Autofahrer: Nach mehrstündigem Autofahren (Nachtfahrt) ist ein Autofahrer nicht mehr in der Lage, eine mäßig beleuchtete Figur zu erkennen, die er bei Antritt der Fahrt noch gut erkannt hat. Dieses interessante Forschungsergebnis stammt von dem Verhaltensforscher E. Hartmann. Er hat zwei Autos, die gleichen Abstand voneinander zu halten hatten, auf eine fünfstündige nächtliche Reise geschickt. An der Rückseite des ersten Autos befand sich eine Anlage, mit der man ein Lichtsignal geben konnte, dessen Stärke sich beliebig steigern ließ. Im zweiten Wagen saß eine Testperson, die über Funk zu melden hatte, wenn sie das Lichtsignal erkannt hatte.

Die notwendige Beleuchtungsstärke stieg dabei von ungefähr zwei Lux bei Fahrtantritt auf sieben bis acht Lux gegen Fahrtende. Je länger eine Fahrt dauert, desto leichter kann man also einmal ein Verkehrsschild übersehen oder – was noch viel schlimmer sein kann – einen Radfahrer in der Nacht.
Übersehen werden im Zustand der Ermüdung aber auch andere Dinge: z. B. Rechenfehler, Worte können überlesen werden und so einen Text entstellen. Dies ist der Augenblick, da man sich eine Pause gönnen sollte. Auf keinen Fall sollte man in diesem Zustand größere geistige Leistungen von sich erwarten. Wer sich einige Male bei einer Aufgabe verrechnet, sollte nicht mit der nächsten anfangen; wer sich beim Maschinenschreiben mehrmals auf einer Seite vertippt hat, sollte kein neues Blatt einspannen, bevor er nicht eine Pause gemacht hat.
Die Konzentrationskraft läßt zweitens nach, wenn sich bei einfachen Arbeiten die Routinefehler zu häufen beginnen.
Diese Beobachtung hat schon jeder gemacht: die Sekretärin, die am Ende des Arbeitstages mehr Fehler macht als am Anfang, oder der Schüler, der in der Stunde vor Schulschluß Aufgaben, die ihm morgens oder zu anderen Zeiten leichtfallen, nur mit Anstrengung bewältigt.
Wissenschaftlich untersucht wurden diese Phänomene zuerst von dem Münchner Psychiater E. Kraepelin und seinen Schülern. Kraepelin ersann dazu einen einfachen Test: Er ließ seine Versuchspersonen Ziffern addieren – manchmal eine Stunde lang und länger. Nach einem bestimmten Zeitintervall (z. B. alle drei Minuten) mußte ein Strich gemacht werden, so daß Leistung und Fehlerzahl über die verschiedenen Zeiteinheiten hinweg untersucht werden konnten.
Auf diese Weise fand man: Je länger eine einfache geistige Tätigkeit andauert,

- desto längere Zeit wird für jede einzelne Aufgabe benötigt,
- desto mehr Fehler werden gemacht,
- desto leichter sind die Personen abgelenkt,
- desto häufiger treten sogenannte Blocks auf. (Das sind kurze „Absencen“, Zeiten, in denen man geistig „weggetreten“ ist.)

Diese Phänomene werden von den Forschern damit erklärt, daß die „Intensität der Aufmerksamkeitsanspannung“ nachläßt. Die geistigen Leistungen werden also in ihren Ergebnissen variabler, sobald die Konzentrationskraft nachläßt. Neben richtigen Lösungen tauchen auf den Ergebnisblättern immer häufiger falsche auf. Da aber immerhin noch eine Vielzahl von richtigen Lösungen vorliegt, nimmt man meist die Anzeichen nicht ernst. Man glaubt, einfach durch Sich-Zusammenreißen die mangelnde Aufmerksamkeitsintensität kompensieren zu können. Das ist aber nur bis zu einem gewissen Grad möglich. Man muß im Auge behalten, daß die Konzentrationsstörungen letztlich die Auswirkung eines körperlichen Prozesses sind, der eigenen Gesetzen folgt, den man also mit Willensanstrengung ebensowenig dauerhaft zügeln kann wie andere körperliche Prozesse wie Schlafbedürfnis, Hunger, Durst und Sexualität.
Die Konzentrationskraft läßt drittens nach, wenn der Aufmerksamkeitsumfang begrenzter wird.
Auch dies ist eine Beobachtung, die die meisten Menschen schon gemacht haben. Im Zustand der Ermüdung schränkt sich unsere Aufmerksamkeit ein. Und zwar nicht im Sinne einer Konzentration auf das Wesentliche, sondern mehr als „Perseveration“, als Haften an einmal wahrgenommenen Gegenständen. Der Blick verharrt auf einer Aufgabe (so wie

Professor Schmidtke den Lastwagen anstarrt), ohne daß sie gelöst wird.

Zusammenfassung:
Hier sind noch einmal die wichtigsten Anzeichen für ein Nachlassen der Konzentrationskraft zusammengestellt. Sie zeigen den Augenblick an, an dem Sie eine „schöpferische Pause“ einlegen sollten. Sie ist nötig,

- wenn Sie Dinge übersehen, überhören oder sonst nicht bemerken,
- wenn sich Routinefehler zu häufen beginnen,
- wenn sich Ihre Aufmerksamkeit in der Weise einschränkt, daß Sie lange auf Worte starren, ohne sie richtig zu lesen,
- wenn Sie, statt zu denken, Wörter sinnlos wiederholen.

Wenn Sie in solch einer Situation nicht „freiwillig“ eine Pause einlegen, nimmt sich der Körper die notwendige Erholungspause von selbst, indem er die Konzentrationskraft ausschaltet.

Arbeitsplatzgestaltung und Arbeitsorganisation

Sehr starke Konzentrationsstörungen können durch den Arbeitsplatz bedingt sein. Eine genaue Arbeitsplatzanalyse soll deshalb helfen, den wesentlichen Störungsquellen auf die Spur zu kommen.
Arbeitsplatzanalysen wurden zuerst von Betriebspsychologen durchgeführt. Sie beobachteten z. B., welche Handbewegungen ausgeführt werden müssen, um verschiedene Einzelteile zu einem größeren Ganzen zusammenzusetzen. Aufgrund solcher Untersuchungen entschloß sich z. B. eine große Rundfunkgerätefabrik, den „Greifweg" vom Arbeitsplatz zu einer Materialschachtel um zehn Zentimeter zu verkürzen. Dadurch konnte sie im Jahr die „Greifwege" ihrer Mitarbeiter um sage und schreibe 160 000 Kilometer verkürzen, was einer Zeitersparnis von 34 000 Stunden im Jahr entsprach. Solche Zahlen sind eindrucksvoll, und deshalb fehlt es nicht an Versuchen, durch bessere „Greifwege" zu anderen Büchern und anderem Arbeitsmaterial auch die geistige Arbeit effizienter zu gestalten.
So bestechend solche Versuche auch erscheinen, so eindringlich soll doch darauf hingewiesen werden, daß sie sich um so eher empfehlen, je einförmiger die „Materialien" sind, zu denen man greift. Schon ein Schüler, der seinen Atlas, der ja überdurchschnittlich groß ist, hervorholt, um Erdkundehausaufgaben zu machen, wird dieses System umwerfen müssen. Anders gesagt: Schreibtischtätigkeit und

geistige Arbeit lassen sich nach solchen Modellen nicht organisieren.
Aber es gibt noch eine zweite Gefahr: Ordnung kann zum Selbstzweck werden, und so mancher Schüler, Student und Berufstätige hat schon Stunden damit verbracht, die optimale Anordnung seiner Bücher und Arbeitsmaterialien zu finden – kostbare Zeit, die natürlich von der eigentlichen Arbeitszeit abgeht. Ordnungs- und Organisationsfragen zu lösen ist ein beliebtes „Spiel" abgelenkter, unkonzentrierter Menschen. Es bietet sich leicht an, denn es hat ja schließlich auch etwas mit dem zu bearbeitenden Thema zu tun (immerhin nimmt man die durchzuarbeitenden Bücher in die Hand).
Den Ablenkungen, die unsere Konzentrationsfähigkeit durch die Gestaltung des Arbeitsplatzes erfährt, kann man nur in Ausnahmefällen durch Ordnen und Organisieren begegnen.
Von einer geistigen Beschäftigung abgelenkt wird man durch alles, was den „eigentlichen" Bedürfnissen besser entspricht als eben diese Arbeit.
Hausaufgaben von Schülern (wie das Lösen langer Rechnungen), die Lektüre von Fachbüchern (in ihrer grafischen wie in der stilistischen Gestaltung oft von erstaunlicher Monotonie), ja sogar das Zeitunglesen – all das kann für geistig rege, phantasievolle Menschen fürchterlich langweilig sein. Es lohnt sich deshalb, angenehmere Lektüre aus dem unmittelbaren Gesichtskreis zu verbannen, weil es sonst schwer sein kann, der Versuchung zu widerstehen. Aus demselben Grund sollten auch Schüler ihre Schularbeiten nicht vor dem laufenden Fernsehgerät machen.
Je größer nun der Kontrast zwischen dem Bewußtseinsinhalt ist, auf den man sich konzentrieren soll oder will, und den

Inhalten, von denen sich unsere abgelenkte Aufmerksamkeit fesseln läßt, desto schwieriger wird es, sich auf die eigentliche Aufgabe zu konzentrieren. Eine grobe Faustregel wird es sein, zu seinen „Pflichten" zurückzukehren. Deshalb empfiehlt es sich, bei der Gestaltung des Arbeitsplatzes dafür zu sorgen, daß die Aufmerksamkeit, wenn sie abschweift, was sie sowieso nach einer gewissen Zeit der Konzentration tut, nicht allzuweit abschweifen kann. Viele Menschen hängen ein schönes Bild, Bilder von Menschen, die ihnen viel bedeuten oder Vorbilder sind, in ihr Blickfeld. Sie zünden zu Hause eine Kerze an, haben für auswärts einen „Talisman" bei sich, eine Blume, ein Foto, und sammeln ihre Aufmerksamkeit in diesem einen Objekt. Nur so ist nämlich sichergestellt, daß sie nicht gegen folgendes Prinzip verstoßen:

Reize lenken um so stärker ab, je intensiver man sie erlebt.

Wer Kinder nicht mag, wird durch das kleinste Geräusch, das ein Kind beim Spielen macht, total aus seiner Gemütsruhe gebracht. Geschwister, die völlig miteinander zerstritten sind, werden allein schon durch die Anwesenheit des andern in solch eine „Hab-acht"-Stellung versetzt, daß sie sich auf nichts mehr richtig konzentrieren können. Überzeugte Umweltschützer werden Verkehrslärm intensiver wahrnehmen als andere, weil sie bei jedem Motorengeräusch sofort an die Luftverschmutzung denken. Menschen, die sich das Rauchen abgewöhnt haben, fühlen sich durch Raucher abgelenkt. Was folgt aus dieser Aufzählung für das Konzentrationstraining? Jeder Mensch sollte diejenigen Störreize, auf die er geradezu „fliegt", kennen (in der Regel kennt man sie nicht, weil man seine eigene Reaktion nicht als überstark, sondern als angemessen empfindet) und versuchen, solche Störungsquellen auszuschalten.

Wer konzentriert arbeiten will, braucht einen festen Arbeitsplatz- und Ausweichmöglichkeiten.
Für einen festen Arbeitsplatz sprechen folgende Gesichtspunkte:

- Man kann so auf die einfachste Art seine Sachen zusammenhalten.
- Die erwähnten Geschwisterrivalitäten kann man unter Kontrolle halten, wenn jeder seinen eigenen Arbeitsplatz hat.
- Man kann, wenn man etwa als Student in beengten Verhältnissen wohnt, dafür sorgen, daß man nicht über Bücher und Hefte stolpert.

Alle drei Punkte sind wichtig. Wenn man Hilfsmaterial aus einem anderen Zimmer holen muß, wird man leicht aus der gedanklichen Konzentration gerissen. Wenn man bei jedem Blick an eine Arbeit erinnert wird, werden sich bald Abwehrmechanismen bemerkbar machen; Bücher z. B. werden ihren Aufforderungscharakter verlieren und bald nur noch ein physisches Unbehagen oder zumindest eine gedankliche Flucht vor der Arbeit auslösen.
Gegen einen solchen ständigen Arbeitsplatz spricht:

- Verschiedene geistige Bemühungen verlangen ein unterschiedliches Maß an Komfort. Goethe z. B. hat seinen Arbeitsplatz so beschrieben: „Sie sehen in meinem Zimmer kein Sofa; ich sitze in meinem hölzernen alten Stuhl ... Eine Umgebung von bequemen Möbeln hebt mein Denken auf und versetzt mich in einen behaglich passiven Zustand.“

Logische Präzisionsleistungen wird man deshalb sicher weniger vollbringen, wenn man irgendwo lang hingegossen liegt. Nicht ohne Grund stehen Redner, Pastoren, Anwälte gern bei ihren Ausführungen. Andere Menschen gehen beim konzentrierten Nachdenken spazieren und bleiben unvermittelt stehen, wenn sie einen Gedanken richtig „fassen" wollen. Es gibt aber viele Aufgaben, zu deren Lösung ein entspannter, eben jener „behaglich passive Zustand" dienlicher ist als jede Art von Anspannung. Sich auf den Rücken legen und an die Decke sehen (ganz so und aus demselben Grund, wie es Patienten eines Psychoanalytikers machen) steigert den Fluß der Einfälle und Assoziationen erheblich. Wenn also „Kreativität" wichtiger ist als logisch-präzises Denken, sollte irgendwo eine Liege bereitstehen (keine allzu weiche allerdings, sonst schläft man ein).

- Viele Fachleute empfehlen, nicht nur einen, sondern zwei Arbeitsplätze zu haben, einen für die große Arbeit, mit der man beschäftigt ist, den zweiten für den täglich anfallenden Kleinkram.
- Zum Lesen sollte man zumindest die Tischplatte verändern können. Denn Lese-Bücher sollten schräg stehen, damit man sich nicht unnatürlich weit nach vorn überbeugen muß. Außerdem vermeidet man Lichtreflexionen, die sehr stark auf die Konzentrationskraft wirken können.
- Der wichtigste Grund, der gegen einen festen Arbeitsplatz spricht, ist aber vielleicht dieser: Ein fester Arbeitsplatz wird nicht selten in seiner Atmosphäre von den Erfolgen oder Mißerfolgen geprägt, die man an ihm erlebt hat. So kann es geschehen, daß man schon bei der bloßen Annäherung an den Arbeitsplatz ein körperliches Unwohlsein spürt. An einem solchen Ort wird man aber nicht konzentriert arbeiten können. Man sollte daher

einen Tapetenwechsel vornehmen: z. B. in ein anderes Zimmer gehen, ein Wochenende in einer einsamen Pension verbringen, einen ganzen Tag im Bett bleiben und dort in seinen Büchern arbeiten. In einer entspannten Haltung erhält man oft die nötige Gleichgültigkeit, die für das Lösen gerade sehr komplizierter Aufgaben wichtig ist.

Wenn der Arbeitsplatz allen beschriebenen „psychischen" Anforderungen gerecht wird, sollte man auch einige äußerliche Gestaltungsprinzipien beachten:

- Jeder Arbeitsplatz ist zweigeteilt: Er besteht aus der Arbeitsfläche (die in der Regel nicht größer als 80 mal 60 Zentimeter zu sein braucht) und einer Ablagefläche, die mindestens groß genug für ein einziges Buch sein muß und manchmal so groß wie eine Bibliothek sein kann. Eine Faustregel lautet: Je mehr Ablagefläche man braucht, desto eher sollte man sich entscheiden, an zwei Tischen zu arbeiten, und so die Arbeits- von der Ablagefläche trennen.
- Wie hell man es haben möchte, ist in gewissem Maße Gewohnheitssache. Wichtig ist allein, daß man nicht geblendet wird (eine Störung, die jeder Erwachsene spontan beseitigen wird; Kinder erkennen oft nicht von selbst, warum sie – im Fall von blendendem Licht – unaufmerksam werden).
- Es empfiehlt sich, die Temperatur nicht wesentlich über zwanzig Grad ansteigen zu lassen. Ein „kühler" Kopf ist für geistige Arbeit wichtiger. Wer bei achtzehn Grad schon friert, kann sich ja etwas dicker anziehen.
- Die Kleidung sollte bequem sein. Manchmal kann es die Arbeitsfreude steigern, wenn man sich besonders gut anzieht.

Erfolgreiches Lernen

Es liegt auf der Hand, daß der Lernerfolg um so größer ist, je konzentrierter man lernt. Aber auch die Umkehrung des Satzes gilt (und sie ist zugleich die Erklärung dafür, warum man sich bei bestimmten Arbeiten nicht konzentrieren kann): Je erfolgreicher man gelernt hat, desto besser kann man sich auf ein Themengebiet konzentrieren. Der Mensch tut das gern, was er kann.

Wenn jemand etwas nicht gern macht, wenn er sich auf eine Tätigkeit nicht konzentrieren kann, wenn er „aus dem Feld geht", wie es in der Psychologie so schön heißt, wenn er also träumt, statt zu arbeiten oder zu lernen, dann ist die Wahrscheinlichkeit groß, daß der Mensch über einer Tätigkeit sitzt, mit der er nicht so vertraut ist, wie er es eigentlich sein sollte.

Leute, die nicht in der Lage sind, Steuererklärungen auszufüllen, werden den Abgabetermin immer weiter hinausschieben, auf die Behörden schimpfen usw. Wer sich dagegen einmal in die Materie eingearbeitet hat, dem kann die ganze Geschichte sogar Spaß machen.

Im folgenden sollen einige Regeln und Anleitungen dafür gegeben werden, wie man erfolgreicher lernt. Sie basieren auf einem guten, wissenschaftlich getesteten Ansatz, wie man aus dem Teufelskreis „Schlechte Konzentration führt zu schlechtem Lernerfolg, dieser wiederum zu schlechter Konzentration" ausbrechen kann. Unter „Lernen", das sollte der Deutlichkeit halber noch erwähnt werden, wird hier der Erwerb von sinnvollem Wissensstoff verstanden,

die Vorgehensweise, mit der man sich in der Schule auf eine Klassenarbeit und an der Universität auf eine Prüfung vorbereitet.
Wie will ich lernen? Dies ist die vielleicht wichtigste Frage beim Lernen überhaupt, denn sie entscheidet über die Art des Vorgehens. Drei Möglichkeiten lassen sich unterscheiden:

- Ich will etwas Wort für Wort auswendig können. In der Schule heißt das etwa: Ich will ein Gedicht lernen.
- Ich will mir ein Wissensgebiet gründlich erarbeiten, so daß ich auf alle Fragen antworten kann. (In der Schule fällt hierunter die Vorbereitung auf Prüfungen, Klassenarbeiten oder auch nur auf die kommende Unterrichtsstunde.)
- Ich will mich grob orientieren. (Dieser Fall ist in der Schule kaum vorgesehen – obwohl sie oft nicht mehr leistet: Im Studium und im Beruf tritt die Forderung, sich grob zu orientieren, allerdings häufig auf.)

Das Auswendiglernen

Regel 1: Große Einheiten lernen

Es ist ökonomischer, sich möglichst große Einheiten auf einmal einzuprägen. Beim Gedicht sollte man also nicht erst eine Zeile lesen und sie dann auswendig hersagen und dieses Verfahren dann auch bei den folgenden Zeilen anwenden. Man soll das ganze Gedicht lesen, dann aufsagen, was man behalten hat, und diesen Vorgang bis zum völligen Behalten wiederholen.

Regel 2: Überlernen

Wenn man etwas wörtlich hersagen kann, soll man nicht mit dem Lernen aufhören, sondern den Lernvorgang (lesen und hersagen) noch einige Male wiederholen. Durch dieses „Überlernen“ wird der Stoff fester verankert, und man spart sich später viel Zeit beim Wiederholen des Lernstoffs.

Regel 3: Halblaut lernen

Es ist ökonomischer, etwas halblaut zu lernen als ganz laut oder ganz leise; die Konzentration ist größer. Bei einem „Leise-Lernen“ gehen nämlich oft die Gedanken „spazieren“. Lernt man „zu laut“, wird man vom Sinn des Einzuprägenden leicht abgelenkt, weil man sich zu stark auf den lautlichen Eindruck konzentriert.

Regel 4: Dem Lernstoff Sinn abgewinnen

Rein mechanische Wiederholungen (also etwas durchlesen und dann monoton, ohne innere Beteiligung herunterleiern) bringen den geringsten Lerneffekt.
Je weniger man mit dem zu lernenden Stoff verbindet, desto länger dauert der Lernvorgang. Mit einem Lernstoff verbinden kann man:

- einen Sinn: Man kann sich in die Personen einer zu lernenden Ballade hineinversetzen, mit ihnen fühlen. Man kann Vokabeln einer fremden Sprache sofort in Sätzen verwenden, die man in bestimmten Situationen sagen würde. Englische Vokabeln sollten z. B. in Popsongs wiedergefunden werden; man lernt so nicht nur besser Vokabeln, sondern auch besser Englisch;

- persönliche Bedürfnisse: Man sollte nicht anfangen zu lernen, bevor man sich selbst davon überzeugt hat, daß man etwas lernen will – sei es, um eine gute Zensur zu bekommen, sei es, weil es Spaß macht, etwas zu können;
- inneres Engagement: Es hilft, ein Gedicht, Vokabeln, Lehrsätze, überhaupt alles, was man Wort für Wort kennen möchte, mit innerem Engagement zu sprechen. Wenn dieses fehlt, kann man wenigstens so tun, als ob: Man kann z. B. das Gelernte einmal laut, einmal leise sprechen, traurig, allein, vor Leuten, die es nicht hören wollen und dagegen anbrüllen. Wenn das Hersagen einmal Spaß gemacht hat, so ist das besser, als wenn man die Sache zehnmal ohne Spaß hergesagt hat.

Regel 5: Beim Abfragen: den Ernstfall üben

Die Situation, in der man den gelernten Stoff reproduziert, sollte der Situation, in der man ihn „im Ernstfall" reproduzieren muß, möglichst entsprechen. Es hilft (nicht unbedingt beim Lernvorgang selbst, wohl aber beim Anbringen des Gelernten), wenn man diesen Ernstfall durchspielt, wenn also ein Elternteil oder ein Schulkamerad die Rolle des später abfragenden Lehrers übernimmt.

Regel 6: Abfragen in neuer Reihenfolge

Wenn man vieles lernt, soll man das Gelernte nicht immer in der gleichen Reihenfolge reproduzieren. Also Vokabeln nicht nacheinander abfragen, sondern durcheinander. Bei einem Gedicht sich eine Zeile irgendwo aus der Mitte sagen lassen und von dort aus weiter aufsagen.

Regel 7: Abends lernen

Diese Regel erinnert an das bekannte Wort von dem Buch unter dem Kopfkissen. In der Tat ist es so, daß man das abends Gelernte meist besser behält, weil es sich dann die ganze Nacht über im Kopf „setzen“ kann. Wenn man etwas gelernt hat, ist es am besten, möglichst nichts Zusätzliches mehr aufzunehmen. Denn alles, was man dann liest, hört, sieht und fühlt, kann sich mit dem Gelernten vermischen. Es kann sich auch so „breit“ machen, daß das Gelernte überdeckt wird.

Regel 8: Pausen zwischen ähnlichen Lernstoffen einlegen

Je ähnlicher zwei Lernstoffe sind, desto größer sollte die Pause sein, der Abstand zwischen den Zeiten, in denen man sich die Lernstoffe aneignet. Der Grund dafür klang schon in der Regel 7 an. Das Lernen des einen Stoffes kann sich ungünstig auf den Erwerb des andern auswirken.

Regel 9: Nicht zu oft mechanisch wiederholen

Zu viele mechanische Wiederholungen können den Lerneffekt verschlechtern. Der Mensch ist keine Maschine, die eingefütterte Informationen auf Befehl wieder ausspuckt. Jede geistige Aktivität hat etwas Schöpferisches, das Sehen und Hören genauso wie das auswendig Aufsagen. Kein Mensch ist nämlich immer so konzentriert, daß nicht beim Sprechen einmal ein anderer Sinneseindruck auftaucht, der ihn aus dem Konzept bringt. Die Reproduktion des Gelernten wird unterbrochen.

Das Durcharbeiten eines Lernstoffs

Regel 1: Viel Zeit zum ersten Durcharbeiten nehmen

Streichen Sie im Kapitel des Lehrbuchs, das Sie erarbeiten wollen, alles an, was Ihnen wichtig erscheint. Sehen Sie sich in einem zweiten Arbeitsgang das Angestrichene noch einmal an. Entscheiden Sie dann, was davon wichtig und was weniger wichtig ist. Lernen Sie nur das sehr Wichtige. Schreiben Sie es sich eventuell auf eine Karteikarte, damit Sie es für spätere Wiederholungen parat haben.

Regel 2: Lernen Sie möglichst wenig auswendig

Dies ist vielleicht die wichtigste Regel. Sicher, es empfiehlt sich, wichtige Formeln und Definitionen auswendig zu lernen. Ansonsten verhindert aber das Auswendiglernen, daß der Stoff für den Lernenden sinnvoll wird. Begegnet er ihm in nur etwas anderem Zusammenhang (formuliert z. B. der Prüfer eine Frage etwas anders als vorausberechnet), so steht er meist recht hilflos da mit seinem Auswendiggelernten. Wichtiger ist es, daß der Lernstoff möglichst sinnvoll wird. Daraus folgt die Regel 3.

Regel 3: Lernen Sie nichts, was Sie nicht hundertprozentig verstanden haben

Nicht ganz verstandenes Wissen ist Ballast. Sie können darüber nicht frei verfügen, sondern nur in den Situationen, in denen der Stoff im selben Zusammenhang wie beim Lernen auftaucht. Zudem nehmen Sie eine Hypothek auf die Zukunft; denn umlernen (was Sie ja unweigerlich müssen) ist immer schwerer als neu lernen.

Regel 4: Je „besser“ man abgefragt wird, desto besser behält man

Lassen Sie sich oft abfragen, und lassen Sie sich auf möglichst verschiedene Weise abfragen. So sind Sie gezwungen, den Lernstoff immer wieder neu zu reproduzieren und umzuorganisieren. Dadurch wird er sinnvoll für Sie, Sie müssen mit ihm arbeiten. Ein weiterer guter Trick besteht darin, sich möglichst viele Fragen zu einem Lernstoff auszudenken.

Lernen Sie, ökonomisch zu lesen

Oft enthalten lange Texte nur ganz bestimmte Informationen, an die Sie möglichst gezielt herankommen wollen. Sie brauchen dazu keinen Schnell-Lesekurs zu machen, sondern nur einfach ein neues Buch nicht von der ersten bis zur letzten Seite durchzulesen. Statt dessen sollte man sich zunächst einen Überblick darüber verschaffen, ob das Buch überhaupt lesenswert ist.
Zuerst liest man das Inhaltsverzeichnis und die Überschriften der Hauptkapitel. Wenn die Erwartungen schon hier nicht erfüllt werden, legt man das Buch zur Seite. Wesentliche Aufschlüsse über das Niveau des Buches ergibt die Lektüre des Klappentextes, zusammenfassender Abschnitte und des Literaturverzeichnisses. Wenn das Niveau angemessen erscheint, sollte man das Buch durchblättern, um zu sehen, ob Stil, Abbildungen und Tabellen den Ansprüchen, die man stellt, gerecht werden.
Danach sollte man einige Seiten lesen, um herauszufinden, wie intensiv man sich dem Buch widmen kann. Erst dann wird die Frage entschieden, ob man das Buch kaufen, leihen oder ob man nur einige wichtige Dinge exzerpieren will. Wenn man so vorgeht, spart man oft großen Arbeitsaufwand.

So behalten Sie besser

Zwischen dem Erwerb eines Lernstoffs und dem langfristigen Behalten besteht natürlich ein großer Unterschied. Man muß den Stoff wiederholen, um ihn zu behalten. Die folgenden Regeln haben sich dabei als optimal erwiesen.

Regel 1: Die Wiederholungen sollten über mehrere Tage verteilt werden

Der deutsche Psychologe Jost hat dies schon gegen Ende des letzten Jahrhunderts nachgewiesen.
Jost ließ einen gelernten Stoff insgesamt 24mal wiederholen. Eine Gruppe wiederholte an drei Tagen achtmal, die zweite an vier Tagen je sechsmal, die dritte an zwölf Tagen je zweimal. Das Ergebnis lautete: Wer an drei Tagen je achtmal wiederholte, erzielte achtzehn Treffer; wer an vier Tagen je sechsmal wiederholte, erzielte 39 Treffer, und wer an zwölf Tagen je zweimal wiederholte, erzielte 53 Treffer.

Regel 2: Fangen Sie rechtzeitig an zu lernen

Am besten ist es, wenn man das Lernen gezielt auf eine Situation hin plant. Wie das geschehen kann, darüber informiert Sie der folgende Abschnitt.

Führen Sie ein Lerntagebuch

In ein Lerntagebuch sollte Tag für Tag eingetragen werden, was man auf jedem Lerngebiet (also in jedem Schulfach) durchgenommen und gelernt hat.

Dieses Tagebuch bietet drei wesentliche Vorteile:

1. Es eignet sich hervorragend zum Wiederholen. (Mit der Erinnerung an das behandelte Thema oder Problem werden auch viele Einzelheiten wieder wachgerufen. Die Lektüre des Lerntagebuchs stellt einen Schnelldurchgang durch den bisher behandelten Stoff dar).

2. Es dient dazu, das jeweils an einem Tag zu Lernende in einen größeren Zusammenhang einzuordnen, und löst oft die Frage, warum man einen bestimmten Stoff überhaupt lernt. (Auf diese Frage können übrigens die meisten Schüler keine Antwort geben.)

3. Unvorbereitet sind die meisten Schüler (und Studenten) meist in bezug auf das, was sie an einem neuen Schul- oder Studientag erwartet. Sie werden immer völlig überrascht von dem, was ihnen Lehrer oder Professoren anbieten. Nach Regel 3 des Abschnittes „Das Durcharbeiten eines Lernstoffs“ gilt aber: Man lernt um so besser, je mehr Sinn ein Lernstoff für einen hat. Wenn man also wüßte, wovon der Lehrer oder Professor an einem bestimmten Tag spricht, könnte man seine Erwartungen darauf einstellen, ginge nicht unvorbereitet in die Stunde oder Vorlesung, sondern hätte schon alle Gedanken, alles Wissen, das zu dem durchzunehmenden Stoff bereits vorhanden ist, aktiviert. Das hat nichts mit Strebertum zu tun (auf der Schule trägt es einem ja keinen größeren Schimpf ein, als wenn man aus dem Buch vorgelernt hat). Vom Standpunkt der Lernökonomie sind Rücksichten auf die gute Meinung der Schul-

kameraden gänzlich verfehlt. Eltern sollten anhand des Lerntagebuchs gemeinsam mit ihrem Kind vorauszusagen suchen, was drankommen wird, und dem Kind so die Möglichkeit geben, sich auf den Lernstoff der Schule einzustellen. Nur sollte man allen Mitschülern mitteilen, daß man sich vorbereitet, dies aber nicht tut, um eine gute Zensur für die Beteiligung am Unterricht zu bekommen, sondern weil man das Lernangebot der Schule optimal nutzen möchte.

Lernen in Gruppen

Die aufgezählten Lernregeln sind für einen allein Lernenden nur mit äußerster Mühe einzuhalten. Wenn dagegen eine Lerngruppe besteht, ergeben sich die durch die Regeln versprochenen Lernvorteile so gut wie von selbst. Voraussetzung ist, daß man einander nicht über Gebühr vom Lernen abhält. Hier einige Hinweise zur Gruppenarbeit:

1. Gruppenarbeit empfiehlt sich am ehesten, wenn man Probleme lösen will (z. B. Mathematikaufgaben). Will man jedoch Ideen produzieren (z. B. für einen Aufsatz, für eine größere Arbeit), so empfiehlt es sich, daß jedes Gruppenmitglied allein nachdenkt und seine Gedanken auf ein Papier schreibt und daß in der Gruppe über diese Arbeitspapiere gesprochen wird.

2. Gruppen müssen geführt werden. Jede Gruppenarbeit erfordert einen gewissen organisatorischen Einsatz, der am ökonomischsten von einem Mitglied geleistet wird. (Das Mitglied leitet so lange, bis dieses Mitglied von den anderen

abgewählt wird. Man kann aber auch einen festen Turnus ausmachen, in dem jedes Mitglied diese Mehrarbeit zu leisten hat). Organisation ist also wichtig. Der Vorteil der Gruppenarbeit besteht ja u. a. darin, daß man sich gemeinsam stärker und einem zu erarbeitenden Lernstoff eher gewachsen fühlt.

So bekommen Sie ein gutes Gedächtnis

Sie klagen über Ihr Gedächtnis? Es gibt Namen, Telefonnummern, Eintragungen auf Ihrem Einkaufszettel, Termine und viele Dinge mehr (die ich eigentlich auch noch aufzählen wollte, aber leider vergessen habe), die Sie immer wieder einmal vergessen.

Dann hören Sie davon, daß es Menschen gibt, die reine Gedächtniswunder sind. Sie können sämtliche Derby-Sieger seit dem Weltkrieg herunterbeten (seit dem ersten Weltkrieg), sie kennen die Logarithmentafel auswendig (die *fünfstellige*), sie kennen tausend Leute mit Namen (und schaffen es sogar, den *richtigen* Namen dem *richtigen* Gesicht zuzuordnen).

Wie machen diese Leute das?

Ich will Sie mit den Mnemotechniken der Gedächtnisakrobaten weithin verschonen. Sicher, es gibt einige Tricks, wie man sich bestimmte Dinge leichter merken kann, einige wichtige sind in diesem Beitrag auch aufgezählt. Wichtiger ist es allerdings, daß wir mehr über die faszinierenden Leistungen unseres Gedächtnisses – und das Vergessen gehört, wie wir gleich sehen werden, dazu – mitbekommen. Die psychologische Forschung der letzten hundert Jahre hat hier einige Ergebnisse gefunden, die uns die wunderbare Komplexität und die Vielfalt unseres „psychischen Apparats" deutlich machen können. Und wenn es gelänge, Ihnen etwas von dem Respekt, den die Gedächtnispsychologen für die-

sen „Apparat“ entwickelt haben, zu vermitteln, so wäre dies viel nützlicher als das Vermitteln solcher Tricks. Und beim nächsten Mal, wenn Ihnen wieder jemand etwas von einem Gedächtnisakrobaten-Kunststück erzählt, kontern Sie am besten mit Erwähnung des Inders Rajan Srinivasen Mahadevan, der als Student einmal „aus Interesse an der Mathematik“ die ersten 10 000 Dezimalstellen der Kreiszahl Pi (3,14159...) auswendig gelernt und nach eigener Aussage inzwischen selten wiederholt hat. Mahadevan brauchte 55 Minuten, um diese 10 000 Ziffern herunterzusagen – ohne einen einzigen Fehler, den er nicht sofort spontan korrigiert hätte. Dies alles aus „Interesse an der Mathematik“!
Nicht jeden Menschen führt das Interesse an irgendeiner Sache zu solchen Gedächtnisleistungen, aber eins der Grundgesetze für ein gutes Gedächtnis hat Mahadevan in diesen einfachen Worten bereits ausgedrückt: Fragen Sie sich doch einmal bei den Dingen, die Sie vergessen, ob Sie wirklich Interesse an ihnen haben, ein persönliches Interesse – *an den Dingen selbst* – und nicht etwa nur das Interesse, irgendeinen Lehrstoff zu memorieren, weil irgendein Lehrer oder Professor oder Vorgesetzter Sie einmal danach fragen könnte. Es bleibt festzuhalten, daß sich dieser Gedächtniskünstler seinen Wissensvorrat nicht „eingetrichtert“ hat, weder in Nürnberg noch sonstwo.
Durch Eintrichtern könnte man seine Gedächtnisleistung verbessern – wenn dabei nur nicht immer Motivationsprobleme auftreten würden. Was das heißt, werden Sie besser verstehen, wenn wir mehr über die Gedächtnisfunktion wissen.

Wie funktioniert das Gedächtnis?

Es gibt einige wunderbare, eigentlich unvergeßliche Tatsachen über das menschliche Gedächtnis. Da wir es schon mit Zahlen zu tun hatten, sei die folgende genannt:
Das Langzeitgedächtnis (was das ist, wird gleich erklärt) eines Menschen kann nach Schätzungen von Gedächtnisforschern bis zu einer Billiarde Informationseinheiten aufnehmen. Eine Billiarde ist immerhin eine 1 mit 15 Nullen dahinter, auch eine respektable Zahl. Das bedeutet: Unsere Gedächtnisspeicherfähigkeit ist für alle praktischen Fälle unbegrenzt.
Das sollte man nicht vergessen!
Wie kommt es dann aber, daß wir immer wieder Dinge vergessen? Es liegt daran, daß wir nicht *ein* Gedächtnis haben, sondern eigentlich drei „Gedächtnisse“:

- einen Speicher für Sinneseindrücke,
- ein Kurzzeitgedächtnis,
- das Langzeitgedächtnis (jene Funktion, die wir zumeist meinen, wenn wir von „Gedächtnis“ sprechen).

Und das Zusammenwirken dieser drei Funktionen läuft nicht immer so ab, wie wir es manchmal gerne hätten. Dafür gibt es übrigens gesunde biologische Gründe. Stellen Sie sich nur einmal vor, wir würden jedes und alles behalten, was je als „Reiz“ unsere Sinnesorgane erreicht. Jeden Menschen, jede Zahl, jeden Namen, jeden Mauerstein, den wir sehen, jedes Blatt eines Baumes, das wir je gesehen haben ...

Der Speicher für Sinneseindrücke

Kennen Sie folgendes Erlebnis? Während Sie über einem interessanten Buch sitzen, fragt Sie jemand etwas. Sie sagen: „Was hast du gesagt?" Doch bevor er seine Frage wiederholen kann, haben Sie bereits die richtige Antwort gegeben. Wie funktioniert so etwas? Ganz offensichtlich gibt es in uns eine Gedächtnisfähigkeit, die unbewußt abläuft (sonst hätte sich die Frage: „Was hast du gesagt?" erübrigt), die aber sehr genau registriert und erst einmal festhält, was uns an Information erreicht. Dies ist der Speicher für Sinneseindrücke. Sehen wir uns dieses Gedächtnis im einzelnen an. Wenn ein Sinneseindruck Sie erreicht, z. B. dieses *Wort*, hält Ihr sensorischer Apparat dieses Reizmuster für den Bruchteil einer Sekunde und mit fast fotografischer Authentizität fest. Eine Gedächtnisleistung! Und ich will gleich erwähnen, daß unser eigentliches Gedächtnis, das Kurz- und das Langzeitgedächtnis, Eindrücke nicht fotografisch, sondern eher verbal speichert – es geschieht also eine Umarbeitung der Information, verbunden mit Informationsverlust, bevor sie abgespeichert wird.

Was ist der Sinn des sensorischen Speichers?

Sinnesreize, die uns erreichen, sollen zumeist ja nicht registriert und langzeit-gespeichert werden, sondern wir wollen oder müssen sofort darauf reagieren. Bis wir reagieren können, brauchen wir etwas Zeit, Bruchteile von Sekunden, und genau so lange muß ein ankommender Reiz gespeichert werden. Im einzelnen geschieht dabei in unserem Gehirn ungefähr das Folgende:

Bevor der Sinnesreiz an die höheren Gehirnzellen gemeldet wird (dorthin, wo das Denken stattfindet, also an den Cortex), erreicht er „niederere" Gehirngebiete, in denen jede Information zuerst auf ihren emotionalen Gehalt überprüft wird. Ein amerikanischer Psychologe, Elliott McGinnies, hat in den fünfziger und sechziger Jahren dazu ein interessantes Experiment durchgeführt. Er hat Studenten mit einem Tachistoskop (einem Diavorführgerät, bei dem die Vorführungszeit auf Bruchteile von Sekunden beschränkt werden kann) Dias mit verschiedenen Wörtern vorgeführt. Ein Wort, wie etwa *whole* (=ganz), wurde im Durchschnitt noch gelesen, wenn es nur für eine Zehntelsekunde auf der Leinwand erschien. Es gab aber auch Wörter, die im Durchschnitt doppelt so lang gezeigt werden mußten, bis die Studenten sie lesen konnten; *whore* (=Hure) war solch ein Wort. Es unterscheidet sich von „whole" nur in einem einzigen Buchstaben und natürlich in seiner Bedeutung ..., und McGinnies hat seine Experimente in den goldenen fünfziger Jahren gemacht, als man ein Wort wie „Hure" noch nicht in den Mund nahm. Aber nicht nur das, offensichtlich gibt es einen Mechanismus, den McGinnies „perceptual defense" nannte – „Wahrnehmungs-Abwehr" –, der bestimmte Informationen ohne unser Zutun auch aus dem Gehirn ausblockt. Und Information, die uns nie erreicht hat, können wir auch nicht speichern!

In jenen entscheidenen Sekundenbruchteilen, in denen über Speichern oder Nichtspeichern entschieden wird, geschieht aber noch anderes. Wird ein Reiz von den „niederen Hirnzentren", von unserem Retikulärsystem, einem Gehirngebiet oberhalb des Rückenmarks, das den menschlichen (und tierischen) Organismus in Verhaltensbereitschaft setzt, als bekannt und nicht bedrohlich empfunden, wird an den Cortex „gemeldet": „Jetzt kommt etwas, wach auf!"

Erscheint die Information als leicht bedrohlich bzw. unangenehm (als obszön in McGinnies' Experiment), kann die

Weitergabe verhindert werden. Unsere höherwertigen Gehirnzentren werden davon verschont.
Ist die Information neu, unerwartet oder schrecklich bedrohlich, wird, noch bevor sie den Cortex erreicht, eine emotionale Reaktion ausgelöst: Der Organismus wird verhaltens- oder sogar kampfbereit.
Wir sehen also: Schon bei der Informationsaufnahme laufen viele verschiedene psychische Mechanismen ab. Der Weg einer Information in unser Gedächtnis ist alles andere als eine Rutschbahn. Er gleicht mehr einem Hindernislauf. Das zu verstehen bedeutet auch, etwas mehr Verständnis dafür zu haben, daß wir manchmal etwas vergessen, auch wenn wir es gehört oder wenn wir es gesehen haben.

Das Kurzzeitgedächtnis

Der Cortex braucht eine gewisse Zeit, um eine einkommende Information zu entschlüsseln. Sie muß verstanden, interpretiert werden, und deshalb braucht das Gehirn auch ein Gedächtnis, das die Information so lange festhält, bis dieser Gedankenprozeß abgeschlossen ist. Wir bezeichnen diese Gedächtnisfunktion als Kurzzeitgedächtnis. Hier werden allerdings keine fotografischen Aufnahmen mehr gespeichert, sondern so etwas wie verbale Umschreibungen der Reizvorlage – unsere Gehirnfunktionen, unser Denken und unser Gedächtnis arbeiten, wie schon erwähnt, weitgehend in verbalen Begriffen.
Das Kurzzeitgedächtnis speichert Informationen einige Sekunden lang; diese Speicherung erfolgt vermutlich in Neuronenkreisen, in denen elektrische Impulse über

mindestens einige hundert Nervenzellen in sich geschlossen zirkulieren. Nach dieser Zeit wird entschieden, was mit der Information zu tun sei: sie direkt beantworten oder auch (und/oder) sie beim Gedächtnis abspeichern, im Langzeitgedächtnis.

Sie werden als neuer Mitarbeiter durch die Abteilung geführt, und irgend jemand stellt Ihnen die neuen Kollegen vor: Das ist Herr Meier, das ist Frau Müller, das ist Herr Havliczek ... Wie bitte? Komischer Name. Wie kann ich den nur behalten? – Und während Sie so etwas noch denken, erwartet jeder von Ihnen, daß Sie zumindest ein freundliches Wort sagen, ein freundliches Gesicht machen. Dabei müßten Sie jetzt eigentlich diesen unbekannten Namen Havliczek noch kurz zu memorieren versuchen, sonst ist er durchgerutscht und für die erste Begegnung mit ihm in der Kantine unweigerlich verloren.

Ein anderes Beispiel: Sie sitzen in einer Vorlesung, einem Vortrag, hören etwas Interessantes, schreiben es auf, haben es nicht genau mitbekommen, denken kurz nach (rufen also die Information aus Ihrem Kurzzeitgedächtnis wieder ab) und merken, daß noch etwas Interessantes gesagt wird – und schon haben Sie vergessen, was Sie gerade aus Ihrem Kurzzeitgedächtnis abgerufen haben, und die Fragmente, die Sie noch notieren konnten, können Sie auch vergessen, denn sie sind eben nur Fragmente.

Das Kurzzeitgedächtnis hat also eine extrem geringe Speicherkapazität und eine extrem hohe Störanfälligkeit. Verschiedenste psychologische Untersuchungen haben immer wieder gezeigt, daß die Obergrenze der Merkfähigkeit hier bei ungefähr sieben Informationseinheiten liegt. Davon können Sie sich leicht selbst überzeugen. Versuchen Sie einmal die folgende Einkaufsliste zu memorieren: Butter,

Milch, Eier, Brot, Joghurt, Tee, Marmelade – alles bekannte Dinge, aber Sie müssen sich schon anstrengen, sie zu behalten. Es hilft übrigens, und das ist einer jener Gedächtnistricks, die wir hier weitergeben wollen, wenn Sie sie logisch gruppieren, z. B. wenn Sie sich als Abrufhilfe für die Liste merken, daß Sie nur Sachen für Ihr Frühstück kaufen wollen. Auch wenn Sie beim Versuch, sich an die Liste zu erinnern, irgend etwas vergessen, kann diese Abrufhilfe (Was wollte ich noch kaufen? Ach so, Sachen für das Frühstück) Ihnen plötzlich wieder aus dem Gedächtnis hervorzaubern, daß Sie beinahe Brot vergessen hätten. Eigentlich eine interessante Sache, zeigt sie doch, daß Dinge, die wir vergessen, nicht unbedingt hoffnungslos auf Nimmerwiedersehen verloren sind.

Im Zweifelsfall behalten Sie von einer solchen Liste mit sieben und mehr Einzelposten am ehesten die zuerst und die zuletzt genannten Dinge. Die zuerst genannten prägen sich besser ein, weil Sie mit frischem Verstand an die Aufnahme der Information herangehen, und erreichen damit auch leichter den „sicheren Hafen" des Langzeitgedächtnisses. Bei den mittleren Posten haben Sie ja bereits die Schwierigkeit, das Vorhergehende nicht aus dem Kopf zu verlieren; hier kommt es also leichter zu Gedächtnisstörungen. Und wenn Ihnen unsere Einkaufsliste z. B. am Telefon durchgesagt worden wäre und Sie nach Beendigung des Gesprächs schnell ein Blatt Papier nähmen, um die Liste zu notieren, „hingen" aller Wahrscheinlichkeit nach die zuletzt genannten Positionen noch in Ihrem Kurzzeitgedächtnis.

Eine deutsche Psychologin, H. von Restorff, hat 1933 die Bedingung erkannt, unter der Merkposten auch mit einer Mittelposition auf einer Liste leichter gemerkt werden. Dies geschieht, wenn sie vom Rest der Liste isoliert sind, wenn sie *herausgehobene Bedeutung* haben. Lernen Sie die (jetzt etwas veränderte) Einkaufsliste noch einmal: Butter, Milch, Eier, ein Buch aus der Reihe „Beruf und Karriere“, Joghurt, Tee, Marmelade. Mit Sicherheit werden Sie sich jetzt beim ersten Abfragen nicht nur an Butter oder Marmelade erinnern, sondern auch an das Buch (Vorsicht: Schleichwerbung).

Das Langzeitgedächtnis

Wenn Sie eine Telefonnummer aus dem Telefonbuch heraussuchen, zum Hörer greifen und die Nummer wählen, haben Sie sie zumeist abrufbereit (diese „Zahlenliste“ hat, außer bei Fern- oder gar Auslandsgesprächen, nicht mehr als sieben Positionen). Sie ist in Ihrem Kurzzeitgedächtnis gespeichert – lang genug, um zu wählen, zumindest wenn Sie ein Tastentelefon haben. Was aber ist zu tun, wenn Sie sich die Nummer wirklich merken wollen? Sie müssen sie memorieren, auswendig lernen, mehrfach wiederholen, so wie Sie das kleine Einmaleins gelernt haben.
Wie ein solches Auswendiglernen unterstützt werden kann, wissen die Psychologen seit hundert Jahren (Nicht-Psychologen wissen es vermutlich schon länger) – und zwar durch die Forschungsarbeit eines deutschen Psychologen, Hermann Ebbinghaus.
„In einer Woche wird etwa viermal so viel vergessen wie in den ersten zehn Minuten und nur noch etwas mehr als dreimal so viel wie in den ersten zwanzig Minuten“, schreibt Peter Hofstätter im Fischer-Lexikon der Psychologie. Und das ist wichtig: Will man etwas behalten, muß man es über die

ersten zehn, zwanzig Minuten hinüberretten – durch Wiederholung. So einfach ist das; aber wiederholen Sie mal alle zehn Minuten jene sieben Namen Ihrer neuen Kollegen, während Ihr neuer Chef Ihnen Ihren neuen Arbeitsplatz erklärt (Havliczek übrigens hieß der eine).

Wenn unser Langzeitgedächtnis einmal eine Information aufgenommen hat, speichert es sie und hält sie abrufbereit: eigentlich für den Rest unseres Lebens. Oder so könnte es sein. Wissen Sie noch, wieviel Billiarden Informationseinheiten Sie speichern können? Eine Eins mit wie vielen Nullen? Wo genau und wie Informationen in unserem Langzeitgedächtnis gespeichert werden, ist eine der interessanteren Streitfragen der modernen Gedächtnispsychologie. Zunehmend stärkere Unterstützung findet dabei die Hypothese, daß es sich um eine chemische Speicherung handelt, vermutlich in Form von Ribonukleinsäure oder von Proteinen, und ein ähnlicher Prozeß abläuft wie bei der Speicherung genetischer Informationen in unseren Zellen.

Wir haben also ein chemisches Gedächtnis, und das soll die immer wieder vergessene Tatsache ins Gedächtnis zurückrufen, daß alle unsere psychischen Leistungen letztendlich körperliche Reaktionen sind. Dies ist wichtig, weil wir bei psychischen Fehlleistungen uns selbst gegenüber oft das Maß verlieren und uns überfordern.

Wenn wir körperlich „nicht in Form“ sind, finden wir schnell Erklärungen und Entschuldigungen. Hier sind wir von großer Toleranz. Psychische Fehlleistungen – wie z. B. das Nicht-Erinnern eines Lernstoffes in der Prüfung – machen uns dagegen oft intolerant: „Wie konnte ich nur so dusselig sein? – Ich hatte das doch alles gelernt.“

Vergessen – eine faszinierende Gedächtnisleistung

Vergessen ist eine schwere Kunst. Nehmen Sie sich einmal vor, eine bestimmte Sache zu vergessen, einen Namen oder eine bestimmte Telefonnummer. Wissen Sie noch genau, was Sie vergessen wollten?
Es ist hilfreich, vier verschiedene Arten des Vergessens zu unterscheiden:

- Schlecht Gelerntes vergessen,
- Verdrängen – aktives Vergessen,
- Verlust an Details – unser Gedächtnis ist kein Videorecorder –,
- Informationen, die sehr wohl gespeichert sind, nicht abrufen können.

Schlecht Gelerntes vergessen ist die häufigste Form des Vergessens überhaupt; wenn wir aber an Vergessen denken, vergessen wir sie zumeist. Stellen Sie sich einmal vor, Sie würden überhaupt nicht vergessen, Sie könnten sich an alles und jedes erinnern, was Sie einmal aufgenommen haben. Eine Vorstellung, die der Phantasie von Science-fiction-Autoren entspricht.
Vergessen ist also ein natürlicher Prozeß des täglichen Lebens. Als wir über das Kurzzeitgedächtnis gesprochen haben, haben wir auf seine Beschränkungen hingewiesen: Nicht mehr als sieben Merkposten behalten wir gleichzeitig im Kopf, und auch dies Wenige immer nur für Sekunden. Unsere geistige Aktivität besteht also in einem ständigen, nie ab-

reißenden Aussortieren von Information. Nur dadurch sind wir zu einem aktiven, menschenwürdigen Leben in der Lage. Weiter wissen wir bereits, daß es eine gewisse Zeit (etwa dreißig Minuten) dauert, bis eine Information im Langzeitgedächtnis abgespeichert wird. Was passiert, wenn wir – natürlich unter Zeitdruck – etwas schnell noch lernen wollen, weil die nächste Prüfung nahe ist? Wir lernen z. B. die Hauptstädte von Südamerika: Chile – Santiago, Kolumbien – Bogota, Bolivien – La Paz ...

Zumeist gehen wir dabei langsam vor, damit wir nicht zuviel auf einmal im Kopf haben; wir wiederholen es auch noch einmal, und dann gehen wir zum nächsten über: den wichtigsten südamerikanischen Flüssen. Wir nehmen uns aber keine halbe Stunde, um uns die Hauptstädte einzuprägen. Warum auch? Wir haben sie ja alle herunterrasseln können. Irgendwie klingen die Hauptstädte aber alle gleich, und es gibt keinen logischen Grund, warum die Hauptstadt von Chile nicht Bogota heißen sollte. Anders ausgedrückt: Bei nicht perfekt memorierten Lernlisten kommt es zu Interferenzen. Ihr Gedächtnis vermischt das, was es aufgenommen hat. Und je weniger Zeit Sie auf das Lernen verwenden, je ähnlicher die Informationen, die Sie lernen, sind und je mehr Ähnliches Sie dazulernen, desto geringer ist die Wahrscheinlichkeit, daß die Information im Langzeitgedächtnis abrufbereit abgespeichert wird. Desto größer ist auch die Wahrscheinlichkeit, daß die Information dort überhaupt nicht hingelangt.

Was also tun, wenn man unter Zeitdruck lernen muß? Das Hilfreichste wäre es, wenn Sie jemanden fänden, der den Lernstoff bereits beherrscht, der ihn Ihnen vorstrukturieren kann. So etwas wäre natürlich der Job Ihres Lehrers, Ihres Professors – aber die sind sich für solche niederen Aufgaben oft zu vornehm. Sie präsentieren das Material. Wie es gelernt wird, glauben sie, geht sie nichts an. Und in den Prüfungen erteilen sie Ihnen dann schlechte Noten – ohne sich darüber im klaren zu sein, daß diese schlechten Noten eigentlich die Quittung für ihr pädagogisches Desinteresse sind.

Sigmund Freud, dem Begründer der Psychoanalyse, der auf vielen psychologischen Gebieten Pionierarbeit geleistet hat, verdanken wir einen sehr plastischen Begriff über unser Vergessen: Verdrängung. Freud war der heute eigentlich kaum mehr akzeptierten Meinung, daß unser Gedächtnis theoretisch alles aufzeichnet, was es erreicht. Die Methode der Psychoanalyse beruht weitgehend auf der Gedächtnisleistung des Klienten. In einer entspannten Atmosphäre soll der Klient sich an Dinge erinnern, die weit zurück in seiner Kindheit liegen. Er soll in seinem Gedächtnis „kramen", und Freud glaubte, daß er hier auf wahre Berichte über die Vergangenheit stößt. Heute weiß man zunehmend, was Freud auch schon vermutet hat, daß es sich allerhöchstens um subjektive Wahrheiten handelt.

Ein Beispiel für Verdrängung haben wir in diesem Beitrag bereits erwähnt: Die Verdrängung obszönen Materials, die Elliott McGinnies erforscht hat.

Was hat Freud mit „Verdrängung" gemeint? Es gibt dafür ein anschauliches Beispiel aus seinem eigenen Leben.

Freud hat zeitlebens darunter gelitten, daß seine wissenschaftliche Arbeit von seinen Ärztekollegen nicht anerkannt wurde, und auch darunter, daß er finanzielle Probleme hatte. Möglicherweise haben ihn hierbei seine Wahrnehmung und seine Erinnerung getäuscht.

Ein Wiener Landsmann von ihm, der Managementprofessor Peter Drucker, hat als Kind Freud kennengelernt, denn Druckers Familie verkehrte mit den Freuds. Wenn Drucker sich richtig erinnert, waren die Freuds durchaus nicht arm, sie gehörten vielmehr zum Wiener Mittelstand. Und Freuds wissenschaftliche Arbeiten sind nicht etwa ignoriert, sondern heiß diskutiert, heftig umstritten und entschieden abgelehnt worden – was immerhin besser ist als strafende Nichtachtung. Wie kommen solche Gedächtnisfehlleistungen, wie die von Freud, zustande? Trotz seiner immensen Speicherkapazität ist unser Gedächtnis alles andere als ein Computer. Gedächtnisinhalte werden verfälscht, manchmal in einer unglaublichen Weise. Im Gedächtnis werden Informationen nicht einfach nur „wertfrei" abgespeichert, sie werden dort verarbeitet. Wie dieses Verarbeiten vor sich geht, kann man sich anhand eines Experiments erklären.

Der Harvard-Psychologe Gordon Allport etwa ließ einmal Menschen eine Bildbeschreibung weitererzählen: Ein Weißer steht in der U-Bahn neben einem Schwarzen, und der Weiße hat einen kleinen länglichen Gegenstand in der Hand. Schon nach wenigen weitergegebenen Beschreibungen hatte der Schwarze den Weißen mit einem Rasiermesser umgebracht. Geistige Inhalte, auch Gedächtnisinhalte, werden im Lauf der Zeit umgestaltet. Herausgearbeitet werden bekannte Elemente, die den eigenen Wünschen und Vorstellungen entsprechen. Wir strukturieren „den Inhalt unseres Kopfes" in einer Weise um, daß er in unser bestehendes Weltbild paßt. Das Gedächtnis ist kein Videorecorder!

Unser Gedächtnis arbeitet sehr intensiv mit der Farbe Rosarot. Spieler, sagt die amerikanische Gedächtnisforscherin Professor Elizabeth Loftus, erinnern sich zumeist an die Zeiten, in denen sie gewonnen haben, und vergessen die Zeiten, in denen sie verloren haben. Je höher die *Ich-Beteiligung* an einer Erfahrung war, desto größer ist die Chance, daß sie erinnert wird. Vorausgesetzt, es handelt sich um eine positive Erinnerung. Ist sie negativ, so mag der genau gegenteilige Effekt eintreten. Erinnern Sie sich noch an das sehr schlechte Gedächtnis des Senators Edward Kennedy nach dem Unglück in Chappaquiddick? Im Sommer 1969 fuhr Kennedy mit einer jungen Mitarbeiterin im Dunkeln auf der Insel Chappaquiddick vor der Küste von Massachusetts. Er war in Eile und wollte eine Fähre erreichen. Kennedy kam vom Weg ab; beim Überqueren einer engen Brücke glitt sein Auto ins Wasser. Kennedy selbst konnte sich retten, seine Begleiterin, Mary Jo Kopechne, ertrank. Nach dem Unglück konnte sich Kennedy kaum an Details erinnern.

Immer wieder ist vermutet worden, daß der Senator „mauert", aber es besteht eigentlich kein Grund, dies zu unterstellen. Nach belastenden Erfahrungen wünschen viele Menschen, daß sie vergessen – und oft geht ihr Wunsch in Erfüllung.

Eigentlich ist es ein schlechtes Deutsch, wenn man sagt: „Ich kann etwas nicht erinnern ... „Mich erinnern" muß es heißen, erinnern ist intransitiv. Die Formulierung hat aber dennoch ihren Vorteil: Sie erinnert uns daran, daß Erinnern ein aktiver Prozeß ist.

Daß wir mit uns selbst ungehalten werden, wenn wir etwas nicht erinnern, ist eigentlich ungerecht. Eigentlich sollten wir jedesmal eine Kerze stiften, wenn wir einen Gedächtnisinhalt wieder hervorproduziert haben. Denn stellen Sie sich einmal folgendes vor: einen Berg von vielen Millionen Büchern mit jeweils tausend Seiten – das ist bei weitem immer noch nicht die Speicherkapazität, über die wir verfügen. Ist es da nicht ein Wunder, daß uns überhaupt jemals zur rechten Zeit das Richtige aus dem Gedächtnis hervorkommt?

Die Gedächtniskartei

Warum dieses Wunder dennoch relativ häufig eintritt, haben Psychologen ziemlich gründlich erforscht. Unser Gedächtnis ist nämlich, auch wenn Sie sich selbst für einen „kreativen" Menschen halten, ziemlich pedantisch, extrem ordnungsliebend. Unsere Erinnerungen sind nicht wahllos abgespeichert und auch nicht wie auf einem Bandaufzeichnungsgerät: eine Erinnerung hinter der anderen, und die ältere liegt hinter der neueren. Ganz im Gegenteil. Der Schlüssel zu unserem Gedächtnis liegt in einer Art Kartei, nach der alle Gedächtnisinhalte geordnet sind.

Ein Beispiel mag dies erläutern:

Was haben Sie am 22. Dezember 1979 gemacht? Eine absurde Frage? Wie können Sie sich daran erinnern? Probieren Sie es!: Der 22. Dezember 1979 – das war zwei Tage vor Weihnachten. Was haben Sie Weihnachten gemacht? Waren Sie zu Hause, sind Sie möglicherweise am 22. Dezember nach Hause gefahren, mit der Bahn, mit dem Auto, alleine, in Begleitung, wer war dabei, was haben Sie geredet ...? Weihnachten ist immerhin ein besonderer Tag, und langsam kommen vielleicht Erinnerungen. Der 22. Dezember ist vermutlich auf Ihrer Gedächtniskartei nicht speziell vermerkt (außer, wenn Sie an diesem Tag Geburtstag haben, einen Unfall hatten oder eine neue Freundin kennengelernt haben). Deshalb ist es nicht ganz unklug, auf der „Index-Karte" für Weihnachten nachzuschauen und sich von dort an den 22. Dezember heranzuarbeiten. Und dabei sind wir dann bei unserem kleinen Fragespiel auf andere „Karteikarten" gestoßen: die Kartei für Reisen zum Beispiel.

Generell ist es so, daß wir uns an Details aus der Vergangenheit, selbst an belanglose, am besten erinnern, wenn sie unter möglichst vielen Kategorien abgespeichert sind. Oder unter einer sehr prägnanten.

Ein richtiges Stichwort zu geben, unter dem eine Erinnerung abgespeichert ist, kann eine wichtige „Eselsbrücke" sein. Das gilt übrigens auch für Begebenheiten, die nicht – wie unsere allgemeinen Lebenserfahrungen – quasi automatisch abgespeichert werden, also für Dinge, die wir willentlich ins Gedächtnis bekommen möchten: für unseren Lernstoff. Einige wenige Dinge sehr genau wissen und dann darauf vertrauen, daß sie uns den Zugang zu den nicht so genau behaltenen anderen Dingen ermöglichen, ist eine gute Lernstrategie.

Eine ebenso gute Lernstrategie ist es, einmal Gelerntes immer neu zu wiederholen. Das zeigen die Lernkurven von Hermann Ebbinghaus: Auch wenn man das meiste sehr schnell vergißt, so gibt es auch ein Vergessen, das erst nach mehreren Jahren eintritt. Dieses Vergessen kann zum Teil dadurch erklärt werden, daß wir immer neue Information aufnehmen und daß neue Information – z. B. aus unserem Studium, aus unserem Beruf – alter Information in gewisser Weise ähnlich ist und durch die Ähnlichkeit die alte zurückdrängt.

Information ändert sich schnell, speziell berufliche Information. Aber sie wird meist nicht durch etwas völlig Neues ersetzt, sondern durch etwas „völlig Ähnliches". Genauso ist es mit Vokabeln. Man lernt einige, kann einige und lernt dann neue, und plötzlich tauchen ganz ähnliche Wörter auf – und wir haben Schwierigkeiten, sogar das früher Gelernte, das eigentlich schon „saß", wieder richtig aus dem Gedächtnis abzurufen.

Fehlleistungen des Gedächtnisses

Streß

Der Einfluß von Streß auf unser Erinnerungsvermögen ist ziemlich gut erforscht: Hier kommt eine psychologische Gesetzmäßigkeit zum Ausdruck, die auf zwei amerikanische Psychologen mit den Namen Yerkes und Dodson zurückgeht.
Wir brauchen ein gewisses Maß an Erregung, um uns überhaupt an irgend etwas zu erinnern. Wenn wir schlafen, kann ziemlich viel passieren, ohne daß wir es im Gedächtnis behalten. Genau dasselbe kann passieren, wenn wir total übererregt sind. Es gibt also eine Beziehung zwischen Erregung (beziehungsweise Streß) und der Güte unserer Erinnerungsleistungen. Sie lautet: Ein mittleres Maß an Erregung fördert die Gedächtnisleistung.
Bei geringen Werten körperlicher Erregung ist auch die Gedächtnisleistung gering, bei einem mittleren Maß an Erregung gibt es ein Optimum des Erinnerungsvermögens, das jenseits dieses optimalen Punktes wieder abfällt.
Eine ganz ähnliche Beziehung besteht übrigens zwischen Motivation und der Qualität einer Arbeitsleistung. Als Faustregel gilt dabei: Je komplexer die geistige Leistung ist, desto entspannter muß beim Lernen und beim Abfragen auch die äußere Atmosphäre sein. Das aber machen Sie mal einem Prüfer klar, selbst wenn dieser Prüfer Psychologieprofessor ist und Sie über das Yerkes-Dodson-Gesetz prüft. „Ja, ja, wir sind leider gezwungen, Noten zu geben. Ich habe jahrelang über den Unsinn von Schulnoten geforscht, aber was soll ich machen ...?“ Solche Antworten kann man dann bekommen.

Drogen

Alkohol wird von vielen Menschen als Stimulanz angesehen. Die stimulierende Wirkung erklärt sich aus einer durch Alkoholgenuß bewirkten Enthemmung, rein physiologisch ist Alkohol aber eine „depressive Droge". In großen Mengen genossen, führt Alkohol bekanntlich zu Bewußtlosigkeit, zu totalem Erinnerungsverlust. Dann ist der Satz: „Ich trinke, um zu vergessen", durchaus wörtlich zu nehmen – jedenfalls bis der Rausch abgeklungen ist. Unter Alkoholeinfluß scheint unsere Fähigkeit, Informationen aus dem Gedächtnis abzurufen, ziemlich intakt zu bleiben. Alkohol verhindert aber, daß neue Information im Gedächtnis gespeichert wird. Deshalb kommt es oft zu der peinlichen Situation, daß einem einer erzählt, was man am letzten Abend alles angestellt hat – und man hat auch nicht die leiseste Erinnerung daran.

Schwerer Alkoholismus kann zu einer völligen Zerstörung des Gedächtnisses und der Orientierungsfähigkeit führen. Patienten entwickeln das sogenannte Korsakoff-Syndrom, eine Psychose mit sehr geringen Heilungschancen, bei der man fast zwangsläufig „lebenslänglich" in einer psychiatrischen Anstalt bleiben muß.

Darüber hinaus ist die Wirkung des Alkohols auf das Gedächtnis ähnlich wie andere beeinträchtigende Funktionen zu sehen: Viel trinken ist negativer als wenig trinken, regelmäßig kleinere Mengen zu sich zu nehmen ist weniger schädlich, als sich immer wieder einmal sinnlos zu besaufen – auch wenn in beiden Fällen über die Zeit die gleiche Menge reinen Alkohols getrunken wird.

Ähnlich wie der Alkohol beeinträchtigt auch Marihuana unsere Fähigkeit, Gedächtnisinhalte abzuspeichern. Die Fähigkeit, einmal im Langzeitgedächtnis Gespeichertes abzurufen, ist dagegen kaum beeinträchtigt. Süchtige verlieren also die aktuelle Orientierung im von ihnen so oft beschworenen „Hier und Jetzt“.

Müdigkeit

Müdigkeit ist eine Gedächtnisstörung, die uns viel über die Funktionsweise unseres Gedächtnisses lehren kann. Nach einem anstrengenden Tag können wir uns manchmal an die einfachsten Dinge nicht erinnern, Dinge, die wir morgens, gut ausgeschlafen, allemal parat haben.

Wie kommt das?

Wir haben bereits gesagt, daß der Weg einer Information ins Gedächtnis nicht mit einer Rutschbahn, sondern eher mit einem Hindernislauf zu vergleichen ist. Der „Rückweg“ kann ähnlich beschwerlich sein, die Erinnerungen „schießen nicht ein“, sondern beim Erinnern wird geistige Arbeit geleistet. Ebenfalls haben wir bereits gesagt, daß Erinnerungen unter verschiedenen Kategorien gespeichert sind.

Wie hieß der preußische Herrscher, der die Hugenotten ins Land geholt hat? Friedrich der Große? Der Soldatenkönig? Der Große Kurfürst? Das mag uns durch den Kopf gehen, wenn wir die „Karteikarte“ mit dem Titel „preußische Herrscher“ abrufen. Unser Gedächtnis bietet uns zumeist auf jede Anfrage verschiedene Antworten an, und jetzt müssen wir auswählen. Friedrich der Große sprach bereits die meiste Zeit Französisch, der wird es also nicht gewesen sein; der Soldatenkönig war bekannt für den Aufbau der militärischen Truppe der „langen Kerls“; vielleicht war es also der Große Kurfürst ... Solche geistigen Prozesse laufen bei dieser Suchaktion ab – zumeist, ohne daß wir uns ihrer groß bewußt werden. Und ebenfalls, ohne daß wir uns dessen groß bewußt werden, fehlt uns bei Müdigkeit die Energie, solche Suchaktionen sehr intensiv durchzuführen. Es kommt dann zu – uns nur allzu bekannten – Ausfallerscheinungen. Wir raten, geben uns mit dem erstbesten Einfall zufrieden, und die eigentlich vor dem Sprechen eingebauten Selbstkorrekturmechanismen sind ausgeschaltet. Wenn man für ein Examen lernt, ergibt sich aus der Tatsache, daß Müdigkeit die Reproduktionsleistungen aus dem Gedächtnis beeinflußt, ein Dilemma, dessen man sich bewußt sein sollte: Soll man bis in die Morgenstunden des Prüfungstags pauken, damit der Lernstoff richtig sitzt? Oft bleibt einem nichts anderes übrig, aber man riskiert dabei, daß der gut eingetrichterte Lernstoff aufgrund von Müdigkeit nicht mehr richtig abrufbereit ist.

Das manipulierte Gedächtnis

Auf kaum einem Gebiet der Psychologie begegnet man so vielen allzu menschlichen Schwächen wie auf dem des Gedächtnisses. Sigmund Freud, einer der besten Menschenbeobachter, hat hierzu ein hochinteressantes Buch geschrieben, die *Psychopathologie des Alltagslebens*. Seine Beobachtungen sind auch heute noch wertvoll, seine theoretischen Erklärungen aber nicht unbedingt, wie wir gleich sehen werden. Freud beginnt seine *Psychopathologie des Alltagslebens* mit einer kleinen Anekdote darüber, daß er immer wieder den ihm durchaus geläufigen Namen jenes Meisters – Signorelli hieß er – vergaß, der im Dom von

Orvieto „die großartigen Fresken von den letzten Dingen geschaffen“ hat. Statt Signorelli drängten sich ihm zwei andere Namen von Malern auf – Botticelli und Boltraffio –, „die mein Urteil sofort und entschieden als unrichtig abwies“. Wenn ihm der Name, der richtige, mitgeteilt wurde, erkannte er ihn auch sofort. (Das freie Erinnern ist sehr viel schwieriger als das Wiedererkennen. Deshalb sind übrigens Tests mit Mehrfachantworten – wie sie etwa bei den Hochschulzulassungstests für Medizin verwendet werden – leichter zu beantworten als Tests mit offenen Fragen. Das liegt nicht nur daran, daß es rein nach der Wahrscheinlichkeit durch einfaches Raten eine Trefferquote von 25 Prozent bei vier Antwortalternativen geben müßte.)

Freud erklärt dann sehr ausführlich über mehrere Seiten, warum er den Namen Signorelli vergißt. Als er ihn gehört hatte, war er im Gespräch mit einem Bekannten, und er hatte seine Aufmerksamkeit diesem Gespräch entzogen, weil er selbst eine Anekdote erzählen wollte (übrigens über den „Sexualgenuß“ von Türken). Und eine weitere Geschichte drängte sich Freud auf, eine Erinnerung an einen Patienten, den er wegen unheilbarer sexueller Störungen behandelt und der Selbstmord begangen hatte. Diese Erinnerung wollte er nicht ins Bewußtsein kommen lassen. Er schreibt: „Ich wollte also etwas vergessen, ich hatte etwas verdrängt. Ich wollte allerdings etwas anderes vergessen als den Namen des Meisters von Orvieto ... aber dieses andere brachte es zustande, sich mit dessen Namen in assoziative Verbindung zu setzen ...“

Beispiele wie diese verstärkten Freuds Vermutung, daß vergessene Dinge nicht einfach nur vergessen, sondern falsch erinnert werden und daß hierbei „gesetzmäßige und berechenbare Bahnen“ eingehalten werden.

Diese Bahnen hat die Psychoanalyse gründlich untersucht; wir kennen sie: Verdrängt werden konfliktbehaftete, im Zweifelsfall sexuelle Dinge.
Kritiker Freuds unter den Gedächtnisforschern halten diese Interpretation für zu eng. Sie weisen darauf hin, daß viele falsche Erinnerungen einfacher zu erklären sind. „Wenn wir die Tatsache akzeptieren, daß wir unsere Wörter, wie alle Informationen, in systematischer Weise speichern, folgt, daß Gegensätze ziemlich nahe aneinander gespeichert werden und ebenso Wörter, die ähnlich klingen", schreibt der englische Psychologe George A. Talland.
Zu Ehren Freuds muß aber gesagt werden, daß ihm solche Überlegungen nicht unbekannt waren. Er zitiert in der *Psychopathologie des Alltagslebens* den Begründer der deutschen akademischen Psychologie, Wilhelm Wundt, der falsches Erinnern unter anderem auf die „Kontaktwirkung der Laute" zurückgeführt hat. Alltagsfehlleistungen wie: „Ich bin nicht *geneigt*, die Verdienste meines sehr geschätzten Vorgängers zu schildern", wenn es eigentlich *„geeignet"* hätte heißen sollen, mögen sich aus dieser Kontaktwirkung erklären, und man wird nicht zwingend „tiefere" Ursachen zur Erklärung heranziehen müssen. Wenn dies nur nicht so viel Spaß machen würde ...
Unser Gedächtnis ist hochsuggestiv. Die Psychologie der Zeugenaussagen ist mit Beispielen dafür angefüllt. Zeigt man Menschen einen Film, in dem ein Auto im *Parkverbot* steht, und fragt danach: „Haben Sie das Auto im *Halteverbot* gesehen?", dann erinnern sich bei erneuter Befragung viele Menschen sehr lebhaft daran, in der Tat ein Halteverbotsschild gesehen zu haben.
„Unser Gedächtnis schwindet", sagt man gerne. Das ist in vielen Fällen nicht falsch, genau so richtig ist aber auch die

Umkehrung dieses Satzes: Unser Gedächtnis wächst – oft leider in die falsche Richtung.
Besonders „konstruktiv“ ist unser Gedächtnis immer dann, wenn wir uns an uns selbst erinnern. Fragen Sie einmal einen Bekannten: Hast du Sexprobleme? Gibt es Probleme in eurer Ehe? Wie war dein Schulabschlußzeugnis? Warst du in deiner Jugend ein guter Sportler? Bist du ehrlich? Das sind alles Gewissensfragen, bei denen die Wahrscheinlichkeit, die Wahrheit nicht allzu „eng“ auszulegen, sehr groß ist.
Aber längst nicht alle Menschen lügen bei Antworten auf solche Fragen.
Menschen kommen in eine Sexualtherapie – wohl ein klarer Beweis dafür, daß irgend etwas in ihrem Sexleben nicht stimmt. Auf die Frage des Therapeuten, was denn nicht stimmt (kluge Therapeuten stellen diese Frage schon mal gar nicht, oder erwarten zumindest keine wahre Antwort), fällt diesen Menschen aber nichts ein.
Überzeugt Sie das nicht? Machen Sie einmal ein kleines Experiment: Fragen Sie einmal Menschen, wie sie sich selbst einschätzen. Auch selbstkritische Menschen werden sich in aller Regel – und je wichtiger ihnen eine Eigenschaft, nach der sie gefragt werden, ist, desto eher stimmt diese Regel – immer (etwas) über dem Durchschnitt einschätzen.
Dies veranlaßte den französischen Psychologen Jean-Paul Codol zu der Frage: Können wir alle besser als der Durchschnitt sein?
Menschen, die man nach psychologischen Gruppengesprächen nach ihrem eigenen Anteil am Gespräch befragt hat, leiden ebenfalls unter der hier beschriebenen Erinnerungsstörung, die die Gedächtnisforscherin Elizabeth Loftus einen „Überwertigkeits-Komplex“ nennt. Sie überschätzen den eigenen Beitrag.

Fragen Sie einmal zwei verheiratete Menschen oder die Mitglieder einer Wohngemeinschaft nach ihrem Prozentanteil bei der Erledigung von Haushaltspflichten. Sie werden finden, daß es nur 150prozentige Haushalte gibt. Eltern erinnern sich genau, daß ihre Kinder in der Schule überdurchschnittlich waren, Menschen erinnern sich genau, daß sie zeitlebens nur wichtige Aufgaben im Beruf erfüllt haben, daß sie überdurchschnittlich verdient, wenig Alkohol gekauft, überdurchschnittlich viel für wohltätige Zwecke gespendet haben und daß sie öfter als die anderen an attraktiven Orten Urlaub gemacht haben.

Ja, Menschen glauben sogar, daß sie länger leben als die Menschen um sie herum. So sagte ein Ehemann zu seiner Frau: „Wenn einer von uns früher sterben sollte als der andere, dann, glaube ich, werde ich meinen Lebensabend in Paris verbringen."

Die psychologischen Mechanismen hinter diesen Gedächtnistäuschungen sind bekannt. Unser Gedächtnis ist Teil unseres Selbst, und genau wie wir selbst paßt es sich an gesellschaftliche Normen an. Eine hohe Arbeitsmotivation zu haben, viel zu arbeiten, viel zu verdienen gilt als positiv. Wenn es auch nicht den Tatsachen entspricht, so ist es doch sozial erwünscht. Und das zählt für das Gedächtnis der Menschen mehr als nackte Tatsachen! Hier tritt ein Geisteszustand auf, den der Psychologe Leon Festinger als „kognitive Dissonanz" bezeichnet hat, und wie wir in solchen Fällen reagieren, hat Christian Morgenstern mit seinem schönen „weil nicht sein kann, was nicht sein darf" beschrieben. Was nützt es uns auch, wenn wir uns an traurige Ereignisse der Vergangenheit erinnern?

Unser Gedächtnis hat eine psychohygienische Funktion. „Zähl das Gute, das dir Gott getan", sangen wir im Kinder-

gottesdienst, und auch Menschen, die weit vom Guten entfernt sind, beherrschen diese Regel. Unser Gedächtnis gleicht den Watergate-Tonbändern nach der Löschung der schlimmsten Passagen durch Richard Nixon.
Vielleicht fanden Sie einige der hier angeführten Beispiele über das Vergessen amüsant. Weniger amüsant erscheinen sie natürlich unter dem Aspekt, wie viele Möglichkeiten des Vergessens es gibt. Gibt es also nur schlechte Nachrichten über unser Gedächtnis? Mit Sicherheit nicht, denn so ziemlich alles, was wir über das Vergessen und andere Fehlleistungen des Gedächtnisses gesagt haben, läßt sich mit einem positiven Vorzeichen versehen.

Gedächtnis trainieren

Dieser Beitrag soll mit einigen Gedächtnishilfen schließen. Wenn Sie also etwas in Ihren Kopf hineinbekommen, behalten und bei Bedarf wieder „hervorzaubern" wollen, dann sollten Sie dafür sorgen, daß das, was Sie lernen und behalten wollen, Ihnen persönlich sinnvoll erscheint. Einfacher ausgedrückt: Was Sie nicht richtig verstanden haben, was für Sie (auch deshalb) keinen Sinn ergeben hat, werden Sie kaum behalten.
Machen Sie Pausen zwischen den einzelnen Lernvorgängen. Ein Gedicht oder einen anderen Text auswendig zu lernen geht (gemessen an der Lernzeit, die wir total darauf verwenden) schneller, wenn wir zwischen Lernen und Abfragen und darauf folgendem Wiederlernen eine Pause von eher 48 Stunden als nur von einer Stunde machen. Das Gedicht also erst einmal durchlernen, dann das Ganze zwei Tage

„vergessen", dann neu lernen und so weiter. Wir haben gesehen, wie stark unsere Gedächtnisinhalte verarbeitet werden. Das muß nicht immer zu unseren Ungunsten geschehen, und die „kreativen Pausen" zwischen den Lernvorgängen, wie sie hier vorgeschlagen werden, dienen nicht zwingend nur der Verfälschung, sondern auch der Verfestigung des Lernstoffs.

Laut lernen ist besser als leise lernen. Das gilt übrigens auch für die so schwierigen Namen und Telefonnummern, die wir nie behalten können. Wenn wir jemanden kennenlernen, hilft es, den Betreffenden sofort mit seinem Namen zu begrüßen. Wenn man diesen Namen eine Minute und drei Minuten später noch einmal wiederholt (möglichst wiederum laut), ist es wahrscheinlicher, daß man ihn behält.

„Organisieren" Sie den Lernstoff. Beim Vokabellernen hilft es, Wörter in Wortgruppen zu lernen, also z. B. alle auf einmal, die sich auf Essen beziehen. Hier werden Assoziationen gestiftet, die sehr sinnvoll sind, denn auch beim „Abfragen" – etwa, wenn Sie mit einem Ausländer essen gehen – brauchen Sie den gesamten „Block" von Vokabeln.

Man kann, etwa bei Telefonnummern, auch rhythmische Organisationseinheiten bilden.

Lernen Sie, aufmerksam zu sein. Das meiste, was wir „vergessen", entfällt uns durch fehlende Aufmerksamkeit bei der ersten Informationsaufnahme.

Nutzen Sie den „von-Restorff-Effekt". Dinge, die sich aus der „Masse" herausheben, werden leichter behalten. Das hat die deutsche Psychologin H. von Restorff herausgefunden. Bevor man zu lernen beginnt, hilft es demnach, den Lernstoff vorzustrukturieren. Dabei muß man herausfinden, was wichtig ist, besonders aber lernen, was für einen selbst wichtig ist. Es geht hier um die „Ich-Beteiligung". Die Bei-

spiele über die Verdrängung von Gedächtnisinhalten haben gezeigt, wie groß die Gefahren hierbei sein können. Unser Gedächtnis beschönigt, verfälscht. Wenn einem eine Sache aber persönlich wichtig ist, kann dieser Effekt mit einem positiven Vorzeichen für uns arbeiten.
Und das zuletzt Gesagte ist eigentlich eine schöne Quintessenz aus unserer Beschäftigung mit unserem Gedächtnis: Wie alle unsere psychischen Fähigkeiten soll auch unser Gedächtnis vor allem *für uns* arbeiten.
Das heißt: Wir sollten uns von fremdem Druck freimachen, auch von eigenem, selbst auferlegtem. Erst wenn wir das schaffen, macht Lernen Spaß. Und merkwürdigerweise ist diese Form des „Egoismus“ auch die Voraussetzung dafür, daß wir an uns gestellte Anforderungen erfüllen können.

Entdecken Sie die Kreativitätstechniken

Ist es Zufall? Kreativität war einmal ein psychologisches und gesellschaftliches Modethema. Das galt zu einer Zeit, als wir alle glaubten, wirtschaftlich im Überfluß zu leben. Jede geistige Anstrengung schien damals recht, mehr aus dem Gegebenen zu machen.

Es war die Zeit, als noch niemand von Punk sprach und die der Jugend nachgesagte größte Sünde war, „antiautoritär" zu sein, nicht „depressiv", als man an eine bessere Zukunft glaubte und nicht an „no future".

Das Angebot der Psychologie an Kreativitätstechniken wurde damals begierig aufgenommen, besonders von der Wirtschaft. Sah man hier doch eine Möglichkeit, für gesättigte Märkte neue Bedürfnisse zu schaffen.

Auch auf dem „Personalmarkt" war „kreativ" ein Modewort. Die „kreative Führungspersönlichkeit" wurde in vielen Anzeigen gesucht.

Inzwischen haben „die Zeiten" das getan, was man allgemein von ihnen erwarten kann: Sie haben sich gewandelt. Von Kreativität spricht niemand mehr. Die Zukunft – die persönliche, die wirtschaftliche, die politische – hat man gefälligst heute grau in grau auszumalen. Und auch das hat für manche Leute seine Vorteile. Der Gedanke greift um sich, daß man die Zukunft nostalgisch unter Rückgriff auf alte Traditionen, also ohne große geistige Anstrengungen, wird bewältigen können. Ja, Probleme gibt es natürlich ge-

nug, die Lösung wird aber zunehmend darin gesehen, falsche Erwartungen abzubauen, Blütenträume zu kappen, wenn es hochkommt, die „Kunst des Möglichen“ wieder zu praktizieren (als ob Politik je etwas anderes gewesen wäre). Sieht man sich das Stück an, das auf der parlamentarischen Volksbühne in Bonn seit langem gegeben und wohl noch viel länger auf dem Spielplan bleiben wird, wird klar, was gemeint ist: viel „action“, aber kaum Handlung. Kürzen, streichen, wegnehmen, abbauen – das sind die Stichworte der dort gehaltenen Monologe. Die geistige Potenz, die dort unzweifelhaft versammelt ist, wird darauf verwandt, sich selbst als das geringere, den politischen Gegner als das größere Übel darzustellen.
Warum fällt so vielen Menschen nichts mehr ein? Warum bricht ausgerechnet in Zeiten großer Herausforderungen die geistige Langeweile aus? Warum ist das Denken so vieler Menschen gefangen und befangen in alten Denkmustern? Warum gilt kreatives Denken nichts mehr?
Kreativität – als Technik geistiger Arbeit verstanden – leistet eines: Sie gibt uns Möglichkeiten, die ausgetretenen Pfade des Denkens zu verlassen. Kreatives Denken führt zu neuen Ideen, neuen Einsichten, neuen Problemlösungen – und im Vertrauen darauf, daß dies in einer Zeit wie der unseren nicht ganz falsch sein kann, möchten wir Ihnen hier einen Überblick über Methoden der Kreativitätsförderung geben. Diese Methoden sind von einer so bestechenden Einfachheit, daß sie sich lesen wie die Rezepte eines Kochbuches: „Man nehme ..., gebe dieses und jenes dazu ...“ – und dann kann man darauf vertrauen, daß „bei genügend Hitze“, dem richtigen geistigen Klima also, etwas Vernünftiges dabei herauskommt. Genausowenig, wie man aber vom Lesen eines Kochbuches satt wird, wird man vom Studieren

und Reflektieren dieser Übungen auf neue Ideen kommen. „Es gibt nichts Gutes, außer man tut es“, hat Erich Kästner einmal gesagt, und das gilt auch für die im folgenden dargestellten Techniken zur Befreiung des Denkens, zur Auflokkerung alter Denkgewohnheiten.

Brainstorming – der Modellfall

Wer überhaupt etwas über Kreativitätstechniken weiß, kennt zumindest vom Begriff her das Brainstorming.
Das Verfahren ist denkbar einfach, und dennoch enthält es einige Vorschriften, die uns einen tiefen Einblick in die Prozesse schöpferischen Denkens geben können: Eine Gruppe von fünf bis sieben Personen trifft sich unter Leitung eines Moderators. Dieser erklärt das Problem und fordert die Teilnehmer auf, alle ihnen in den Sinn kommenden Lösungen, Ideen, Einfälle, Assozitionen etc. zu dem Problem herauszulassen – ohne Rücksicht auf moralische Bewertung, auf „Machbarkeit“, auf Brillanz, Peinlichkeit, ja auf Kreativität. Der Moderator notiert diese Ideen (für alle sichtbar – auf einer Tafel oder auf Flip-charts); er achtet darauf, daß keine Idee kritisiert, belacht oder sonstwie bewertet wird. Wenn nichts Neues aus der Gruppe mehr kommt, bricht er die Übung ab, und die Gruppe geht dann in einer zweiten Phase daran, die produzierten Ideen zu bewerten.
Was ist an diesem Vorgehen „kreativ“?
Sehr viel. Mindestens zehn Punkte lassen sich hier demonstrieren:

1. Denken in der Gruppe

Wir sind es, leider, zumeist gewohnt, große Einfälle nur von den großen Einzelgängern der Menschheit, die wir manchmal Genies nennen, zu erwarten. Wird von uns ein neuer Einfall erwartet, so ziehen wir uns gerne „in das stille Kämmerlein“ zurück und warten, während wir Männchen aufs Papier malen, auf die göttliche Eingebung. Oft genug finden wir dabei aber nur heraus, wie man Strichmännchen anders malen oder was man statt Strichmännchen malen kann. Sehr viel produktiver, zuerst einmal in rein quantitativer Hinsicht, also was die Menge der Einfälle betrifft, ist es, mit mehreren Leuten nach Einfällen zu suchen.

2. Gruppengröße

Es gibt bei der Gruppenarbeit ein altbekanntes Problem: Je mehr Menschen da sind, desto größer wird die Wahrscheinlichkeit, daß quantitativ und qualitativ neue Ideen produziert werden. Mit der Gruppengröße steigt zugleich leider auch der „Verwaltungsaufwand“. Fünf bis sieben Leute lassen sich aber erfahrungsgemäß ziemlich leicht unter einen Hut bringen.

3. Trennung von Organisation und Produktion

Daß „die Gedanken frei sind“, wissen wir, seit wir Volkslieder singen können. So wichtig bei dem Prozeß der Ideenfindung völlige Freiheit, ja Disziplinlosigkeit ist, so wichtig ist dann in der zweiten Phase die Organisation der produzierten Ideen. Nur wenige Menschen können beides zur gleichen Zeit. Es empfiehlt sich also – bei Kreativitätstechniken und bei vielen anderen geistigen und praktischen Arbeiten –, jemanden abzustellen, der die Leistung der Gruppe organisiert.

4. Hemmungen abbauen

Es ist erstaunlich, wie wenige Menschen in der Lage sind, das einfach herauszusagen, was ihnen gerade in den Kopf kommt. Wir sind viel zu sehr darauf gedrillt, uns mit unseren geistigen Leistungen immer auch selbst zu verkaufen. In der ersten Phase des Brainstorming, die sehr plastisch manchmal auch „Grünlicht-Phase" genannt wird, gilt aber der schöne Spruch: „Alles geht". Es lohnt sich, selbst die dämlichste Idee zu notieren, was einen sehr einfachen Grund hat: Wenn nach Neuem gesucht wird, weiß man ja im voraus niemals, was der endgültigen Bewertung standhält. Da schöpferisches Denken grundsätzlich über das Altbewährte hinausführt, fehlen uns auch aus prinzipiellen Gründen die endgültigen Bewertungskriterien.

5. Frühzeitige Kritik unterbinden

Deshalb ist es wichtig, in der „Grünlicht-Phase" jede Kritik zu unterbinden. Ein leicht hingesagtes „Das ist doch völliger Quatsch" kann den Ideenfluß eines Menschen zum Erliegen bringen. Dies gilt übrigens nicht nur für die Gruppe, sondern auch für den einzelnen. Die goldene Regel des schöpferischen Denkens lautet deshalb: Trennung der Produktion von Ideen und der Bewertung dieser Ideen.

6. Alles aufschreiben

Wenn Ideen einmal in Fluß kommen, kommt es zu Assoziationsketten.
Ein Einfall erzeugt einen neuen Einfall, der wieder einen etwas anderen – und sehr schnell ist der erste Einfall (der der beste sein kann) vergessen. Alles aufzuschreiben lohnt also. Manchmal mag es sich sogar lohnen, ein Tonband laufen zu lassen – auch wenn viele Pausen und viel Quatsch mit aufgenommen werden.

7. Klauen, kopieren, abschauen

Ganz richtig! Wenn einmal etwas wirklich Neues gedacht wird, das noch kein Mensch gedacht hat, erleben wir vermutlich eine Sternstunde der Menschheit. Solche Sternstunden geschehen allerdings höchst selten. Für alle praktischen Fälle geistigen Denkens gilt, daß man sich von den Ideen anderer Menschen anregen lassen soll.

8. Zeitbegrenzung

Wer sich einmal in einen Gedanken verrannt hat, wer einmal glaubt, einer göttlichen Idee auf der Spur zu sein, kennt keine Zeit mehr. Er lebt in einer anderen Form des Bewußtseins; er bekommt ein Gefühl von menschlicher Bedeutung und persönlicher Wichtigkeit, von Einheit von Körper und Geist, ein Hochgefühl – und hierin mag der eigentliche Lohn schöpferischen Denkens liegen. So wichtig die Trennung von Ideenproduktion und Ideenbewertung ist, irgendwann sollte man aufhören zu produzieren und sehr kritisch bewerten. Falls dann der große Wurf nicht dabei war, lohnt es sich unter Zeitaspekten, lieber neu mit einer „Grünlicht-Phase“ zu beginnen.

9. Vorsicht vor Experten

Es gibt Probleme, zu deren Lösung Vorwissen erforderlich ist. Es sind viel weniger Probleme, als die Experten meinen. Nicht immer ist gesagt, daß man sich mit Experten zusammensetzen muß. Bei Gruppen lohnt es sich deshalb in der Regel, einige Menschen, die (angeblich) nichts von dem Thema verstehen, mit einzuladen. Brainstorming-Sitzungen, wie andere Kreativitätstechniken auch, wendet man ja an, wenn die normalen Problemlösungsprozesse zu keinem befriedigenden Ergebnis mehr führen, wenn also die Fachleute nicht mehr so recht weiter wissen (oder so gut weiter wissen, daß ihre Vorschläge leider nicht mehr praktikabel sind).

10. Kritik als kreativer Prozeß

Das Ende einer Brainstorming-Sitzung bildet die „Rotlicht-Phase“. Alle produzierten Ideen werden kritisch durchgegangen, auf Lösungsmöglichkeiten abgeklopft. Auch hierzu gehört große Disziplin. Entgegen einem landläufigen Vorurteil ist es nämlich überhaupt nicht einfach, Ideen anderer Menschen (und auch eigene Ideen) richtig zu verreißen. Auch dadurch kann allerdings (wie wir später sehen werden) das Finden neuer Ideen gefördert werden.

Brainstorming ist also ein sehr einfaches Verfahren. „Schreib alles hin, was dir einfällt, und bewerte es später" – so lautet die goldene Regel. Alle Techniken, die jetzt aufgezählt werden, sind im Prinzip Verfeinerungen dieser Regel. Zuerst folgt die Gruppe von Verfahren, bei denen das Brainstorming selbst abgewandelt worden ist.

37 weitere Kreativitätstechniken

Anonymes Brainstorming

Da viele Menschen eine eigenartige Hemmung spüren, vor anderen, gar vor Fremden, Einfälle frei zu äußern, kann die „Grünlicht-Phase" des Brainstorming von jedem Teilnehmer der späteren Gruppe zu Hause durchgeführt werden. Die Ideen werden dabei auf Zettel oder – was besser ist – auf einzelne Karteikarten geschrieben. Der Moderator trägt sie vor, ohne den „Schöpfer" zu nennen.

Didaktisches Brainstorming

Nur der Moderator kennt das genaue Problem. Soll etwa eine neue Zigarettenmarke von einer Firma eingeführt werden, so mag ein didaktisches Brainstorming mit einer Sitzung über das Thema „Gefahren des Rauchens" oder „Analyse der Werbekonzeptionen großer Zigarettenmarken" beginnen. Der Moderator führt die Gruppe schrittweise (und manchmal in mehreren Sitzungen) immer näher an das Thema heran.

Destruktiv-konstruktives Brainstorming

Eine bisher praktizierte Lösung eines bestimmten Problems wird verrissen (in der für das Brainstorming typischen Weise mit allen nur möglichen sachlichen und unsachlichen Argumenten). In einer zweiten Phase werden (ebenfalls nach den Brainstorming-Regeln) für alle genannten Schwachpunkte Verbesserungsvorschläge gemacht.

„Was noch"-Methode

Rotlicht- und Grünlicht-Phase wechseln ständig miteinander ab. Jede vorgebrachte Idee wird auf ihre Möglichkeiten zur Lösung des Problems abgeklopft. Erst danach darf eine neue Idee vorgebracht werden.

Creative-Collaboration-Technique

Gruppen und Einzelsitzungen wechseln. Nach zehn Minuten Gruppenarbeit ziehen sich die Teilnehmer für einige Minuten zurück und bewerten alleine die bisher vorgebrachten Einfälle.

Philips 66

Dieses Verfahren eignet sich für große Gruppen (Tagungen, Konferenzen). Es werden Untergruppen zu je sechs Personen gebildet (wenn die Teilnehmer in Reihen hintereinander sitzen, drehen jeweils die in der vorderen Reihe Sitzenden ihre Stühle um). Die Gruppen notieren ihre Einfälle, ein Moderator trägt sie danach dem Plenum vor. (Das Verfahren ist nach jener amerikanischen Ölfirma benannt, in deren Weiterbildungsarbeit dieses Verfahren zuerst praktiziert wurde).

Imaginäres Brainstorming

Es handelt sich um den Versuch, die Phantasie der Gruppenteilnehmer dadurch zu befreien, daß alle realistischen Lösungen ausgeschaltet werden durch Fragestellungen wie: „Wie müßten die Bedienungselemente eines Autos angeordnet werden, wenn die Menschen nur eine Hand hätten?“ (In der Tat fahren ja die Menschen, in vielen Situationen nur mit einer Hand am Lenkrad.)

SIL-Methode

Sechs bis acht Teilnehmer entwickeln zuerst alleine ihre Ideen. Ein Teilnehmer trägt seine Ideen vor, dann der zweite. Aus beiden muß eine Synthese erarbeitet werden, die die Vorteile beider Ideen vereinigt. Dann trägt der dritte Teilnehmer vor, wieder muß eine Synthese zum bisherigen gefunden werden usw.

Brainwriting

Es handelt sich um eine andere Methode, um Hemmungen abzubauen. Einfälle werden nicht mündlich, sondern schriftlich vorgebracht.

Methode 635

Eine Gruppe von sechs Teilnehmern trifft sich und analysiert und definiert das Problem genau. Dann trägt jeder Teilnehmer auf ein Formular drei Lösungsvorschläge ein. Dann wird das Blatt weitergereicht, der nächste Teilnehmer trägt wiederum (unter Berücksichtigung der bisher auf dem Blatt stehenden Lösungsvorschläge) eigene Lösungsvorschläge ein.

Brainwriting-Pool

Das Problem wird analysiert und definiert. Dann erhält jeder Gruppenteilnehmer ein Formblatt, auf dem er Lösungsansätze niederschreiben kann (so viele er will und in der Zeit, die er für angemessen hält). In der Tischmitte (dem „Pool") liegen vom Gruppenleiter bereits ausgefüllte Formblätter mit Lösungsansätzen. Fällt einem Teilnehmer nichts mehr ein, kann er sein Lösungsblatt in den „Pool" legen, ein Blatt mit Ideen herausnehmen und sich so Anregungen für neue Ideen verschaffen. Diese Form der Ideenfindung wird erfahrungsgemäß von in Kreativitätstechniken ungeübten Menschen gut angenommen.

Ideen-Delphi

Die Delphi-Technik stammt aus der Futurologie. Dabei werden Experten gebeten, wie das Orakel von Delphi in die Zukunft zu schauen. Ihre „Sprüche" geben sie unabhängig voneinander und in schriftlicher Form ab (Zeitlimit etwa vierzehn Tage). Die Expertenmeinungen werden in einer Liste zusammengetragen, Doppelnennungen gestrichen. Alle Experten erhalten diese neue Liste noch einmal, um sich – ähnlich wie beim Brainwriting-Pool – zu neuen Ideen anregen zu lassen. Die Urheber der einzelnen Idee bleiben ungenannt, um Ehrfurcht vor großen und mangelnden Respekt vor nicht so großen Namen (eine der effektivsten Denkhemmungen) gar nicht erst aufkommen zu lassen. Dieser Vorgang kann fortgesetzt werden, bis der Ideenvorrat der Experten und/oder der Honoraretat des Auftraggebers erschöpft ist. Zur Bewertung der Ideen kann ein einfacher Auswertungsschlüssel verwandt werden: Sind die Lösungen kostengerecht, umweltgerecht ...?

Kärtchen-Befragung

Nach Analyse und Definition des Problems (Ergebnis auf Tafel oder Flip-charts festhalten) haben die Teilnehmer 10 bis 45 Minuten Zeit für kritische Anmerkungen oder Ideen. Sie werden auf Kärtchen notiert (anonym), die nach sinnvoll erscheinenden Kriterien gruppiert und analysiert werden.

Idea-Engineering

Dieses Verfahren wird häufig in Firmen angewandt. Es funktioniert ähnlich wie die Kärtchen-Befragung, nur wird die Definition des Problems sehr viel sorgfältiger (durch die entsprechenden Experten der Firma) geleistet. Zur Ideenfindung werden aber nicht nur Experten, sondern auch Nicht-

Fachleute aus der Firma herangezogen (hohe Motivationskomponente, weil alle Firmenangehörigen wissen, daß Lösungen gefunden werden sollen, die tatsächlich in die Tat umgesetzt werden).

Gemeinschafts-Tagebuch

Es funktioniert ähnlich wie Idea-Engineering. Der Gruppe wird nach Analyse und Definition des Problems ein Tagebuch ausgehändigt, in das jeder Teilnehmer, etwa über einen Monat, alle Ideen niederschreibt. Die weiteren Durchgänge erfolgen etwa wie beim Ideen-Delphi. Der Vorteil der Methode besteht (wie beim Ideen-Delphi) darin, daß kein Organisations-, Zeit- und Kostenaufwand durch Gruppensitzungen entsteht.

Trigger-Technik

Diese Technik basiert auf starker Zeitbegrenzung. Die Gruppenmitglieder haben nur wenige Minuten Zeit, um Ideen „herauszuschießen". Die Ideen werden nacheinander von den Teilnehmern vorgetragen; während des Vortrags (Doppelnennungen eliminieren) entstehen neue Ideen, die ebenfalls aufgeschrieben und danach vorgetragen werden.

Die Techniken, die eben aufgezählt worden sind, sind die gebräuchlichsten Abwandlungen der Brainstorming-Idee. Sie waren in ihrem Kerngehalt einfacher zu beschreiben, als einige der Techniken, die im folgenden vorgestellt werden. Diese Kreativitätstechniken muten auf den ersten Blick etwas paradox an. Sie führen nämlich zunächst alle von der Lösung des eigentlichen Problems weg. Der Grund für dieses Vorgehen sollte aber klar sein. Sieht man sich genötigt, zur Ideenfindung eigene Verfahren einzusetzen, kann man davon ausgehen, daß das bisherige Suchen zu keinen brauchbaren Lösungen geführt hat. Durch dieses Suchen sind aber schon bestimmte Gedankenstrukturen verfestigt. Um zu verhindern, daß auch beim Einsetzen dieser Techniken die geistigen Prozesse immer in den selben Trampelpfaden weiter laufen, wird ein Umweg gewählt.

Das „Heuristische Theater"

Es ist in vielen Gruppensitzungen als ausgezeichnete Möglichkeit zur Problemstrukturierung und zur Entwicklung neuer Ideen erprobt („Heuristik" = Lehre von den Methoden zur Auffindung neuer wissenschaftlicher Erkenntnisse). Eine Gruppe von fünf bis neun etwa gleichstarken Fachleuten wird von einem Regisseur zusammengeführt, der das „Drehbuch" vorbereitet, indem er eine möglichst präzise Darstellung des Gesamtproblems gibt. Außerdem verteilt er die „heuristischen Rollen". Jeder Konferenzteilnehmer hat neben der Aufgabe, freizügig alle ihm in den Sinn kommenden Problemlösungsaspekte einzubringen, eine spezifische Rolle, die durch ein heuristisches Prinzip gekennzeichnet ist.

Häufig werden folgende Rollen vergeben:

Der Umkehrer: Er versucht, jedes Argument durch Umkehrung zu erweitern und so zu überprüfen.

Der Kombinator: Er versucht, jeweils mindestens zwei Äußerungen zusammenzuführen.

Der Vermesser: Er versucht, durch wechselnde Maßstäbe (Verkleinern oder Vergrößern) dem Problem neue Aspekte abzugewinnen. (Können wir die Brücke einfacher konstruieren, wenn wir uns überlegen, daß sie nur die halbe Spannweite hätte? Oder: Brauchen wir ein Kreiskrankenhaus, wenn es in jedem Dorf einen Arzt gibt?)
Der Reduktionist: Er überprüft das Problem unter dem Gesichtspunkt des Weglassens einzelner Prämissen, Teile, Forderungen usw.
Der Additionist: Er versucht, das Problem in eine andere Sehweise zu bringen, indem er Neues hinzufügt.
Der Spielleiter achtet darauf, daß die einzelnen jeweils ihre Rolle verwirklichen, und protokolliert die Umkehrungen, Ergänzungen, Kombinationen usw.

Heuristische Listen

Die eben genannten Rollen des „Heuristischen Theaters" müssen nicht gespielt werden. Sie können in Listen zusammengefaßt werden, die allgemeine Fragen enthalten, mit denen man auf neue Ideen kommt. Beispiele für solche Fragen: Lassen sich neue Lösungen finden durch Weglassen, Hinzufügen, Umkehren, Verkleinern, Vergrößern, Ersetzen ...

Suchfeld-Auflockerung

Wenn man zu lange an einem Problem herumgebrütet hat, ohne produktive Lösungen gefunden zu haben, kann eine neue Sichtweise des Problems dadurch gefunden werden, daß es umformuliert wird, daß bestimmte Ausdrücke ersetzt werden, daß es in eine fremde Sprache übersetzt und rückübersetzt wird, daß man es Nicht-Fachleuten erklärt und sich wiederum erklären läßt, daß man es in Symbolen oder Diagrammen oder Bildern darstellt ...

Bionik

Dieses Verfahren dient der Lösung technischer Probleme. Man schaut, wie die Natur Konstruktionsprobleme löst. Die Münchener Architektin Merete Mattern hat aufgrund solcher Vergleiche z. B. das Einerlei des Großwohnungsbaus durch Pläne für Häuser bereichert, in denen die Wohnungen wie Blütendolden einander zugeordnet sind und die einzelnen Zimmer wiederum von einem Mittelpunkt (zentraler Wohnraum, zugleich Küche und Hausarbeitsraum) wie die Blätter einer Blüte ausfächern.
Auch die folgenden Verfahren dienen der Auflockerung verkrusteter Denk- und Sehgewohnheiten. Ihr Ziel weicht aber von den bisherigen Zielen ab: Nicht mehr viele neue Ideen sollen gefunden werden, sondern eine einzige, dafür aber radikal neue Idee.

Synektik

Diese Technik ist von William J. Gordon entwickelt worden, der für die bekannte amerikanische Unternehmensberatungsfirma Arthur D. Little gearbeitet hat. Arthur D. Little hat für seine Klienten eine Vielzahl neuer Industrie- und Verbrauchsgüter entwickelt: z. B. neue Frühstücks-Zerealien, Verpackungsmaterialien und Konstruktionsmethoden.

Soll nur eine einzige, aber wirklich neuartige Idee gefunden werden, ist es wichtig, von Spontaneinfällen (die meist nicht sehr revolutionär sind) abzulenken. Dies wird bei der Methode der Synektik dadurch erreicht, daß der Gruppenleiter das Problem genau definiert, dann aber die Teilnehmer möglichst weit von dem definierten Problem wegführt.
Oft genug teilt der Gruppenleiter auch nur ungefähr mit, was das wirkliche Problem ist. Soll etwa ein neues Spielzeug entwickelt werden, mag er eine Diskussion über das Spielen anregen. Bei der Suche nach neuen Konstruktionsprinzipien kann z. B. diskutiert werden, wie ein Hochhaus aus Gummi gebaut werden kann.
Die entscheidende Stufe ist dann die Bildung von Lösungen. Hierzu bedient man sich der Technik des Force-Fit (siehe Seite 120). Dabei müssen die für das Gedankenspiel gefundenen Lösungen (Hochhaus aus Gummi) auf das reale Ausgangsproblem „mit Gewalt passend gemacht werden".

Visuelle Synektik

Diese Technik kann nur bei Teilnehmern angewendet werden, die die „klassische" Synektik beherrschen. Statt das Problem verbal zu verfremden, werden den Teilnehmern irgendwelche beliebigen Dias vorgeführt. Jedes Bild wird genau beschrieben, und aus der Beschreibung werden Lösungen für das Problem „erzwungen" (siehe Seite 120: Force-Fit).

Reizwortanalyse

Die Verfremdung wird nicht durch Bilder erreicht, sondern durch nach dem Zufallsprinzip gefundene Wörter (etwa aus dem Lexikon herausgesuchte). Von diesen Reizwörtern aus wird ein Lösungssatz für das Problem gesucht.

Force-Fit-Spiel

Nach Analyse und Definition des Problems werden aus der Gruppe zwei Mannschaften gebildet, der Moderator fungiert als Schiedsrichter und Protokollführer. Eine Mannschaft nennt der anderen einen Gegenstand, der möglichst weit vom eigentlichen Problem entfernt liegt, und stellt die Aufgabe, daraus eine Problemlösung zu finden.
Gelingt dies (Zeitbegrenzung auf ca. zwei Minuten), ist die zweite Mannschaft dran.

Semantische Intuition

Gemeinhin wird ein neues Produkt entwickelt und ihm dann ein Name gegeben. Dieser Vorgang wird hier umgedreht. Es soll zuerst ein Name gefunden und daraus eine (notwendige?) Erfindung abgeleitet werden. Soll ein neues Küchengerät entwickelt werden, kann man viele damit in Zusammenhang stehende Begriffe aufzählen wie Topf, Dunst, Löffel, Ofen, Abfall, Glas, Spüle. Durch Kombination zweier Begriffe kann nahegelegt werden, daß z. B. ein Abfall-Ofen zu entwickeln sei.

Forced-Relationship

Die Technik ähnelt der Semantischen Intuition. Ähnliche Produkte werden aufgezählt (Foto-Apparat, Transistor-Radio), und aus Neukombinationen können sich neue Produkte ergeben („Foto-Transistor“).

Katalog-Technik

Aus einem Versandhauskatalog werden verschiedene Objekte herausgesucht und auf Gemeinsamkeiten untersucht (funktioniert ähnlich wie die beiden vorhergehenden Techniken).
Gerade naturwissenschaftlich vorgebildete Menschen werden die bisher geschilderten Kreativitätstechniken reichlich chaotisch und unsystematisch finden. Auch sie sollen getröstet werden. Es gibt nämlich Methoden der Ideenfindung, die auch einen höchst präzise und akkurat denkenden Menschen begeistern können.

Morphologischer Kasten

Er wurde von dem Schweiz-Amerikaner Fritz Zwicky entwickelt (Morphologie = Kenntnis der Gestalt, der Struktur). In einem Morphologischen Kasten wird ein Problemfeld systematisch (und unter manchmal monatelangem Zeitaufwand) strukturiert.
Als Beispiel sei die Entwicklung einer neuen Uhr vorgestellt. In einer Matrix werden in der linken Randspalte alle wichtigen Eigenschaften einer Uhr (alle „Parameter“) eingetra-

gen: Energiequelle, Energiespeicher, Antrieb, Anzeige ... Neben jeden dieser Parameter werden dann alle nur denkbaren „Ausprägungen“ eingetragen – bei „Energiequelle“ etwa Handaufzug, Fotozelle, Batterie, Stromnetz etc. Durch Kombination aller nur möglicher Komponenten lassen sich (möglicherweise) neue Konstruktionsprinzipien finden.
Fritz Zwicky hat mit seiner Methode während des Zweiten Weltkriegs die Möglichkeit der Entwicklung von Strahltriebwerken erforscht. Er fand im Jahre 1943 etwa 576 denkbare Triebwerke (unter anderem auch, wie sich später zeigen sollte, die Antriebsarten der als „streng geheim“ deklarierten Deutschen V-1- und V-2-Raketen).

Funktionsanalyse

Sie funktioniert ähnlich wie der Morphologische Kasten. Man verläßt aber den Bereich des rein Gegenständlichen und denkt – den geistigen Gewohnheiten von Technikern eher entsprechend – in Funktionen.

Attribute-Listing

Alle wichtigen Eigenschaften einer bereits realisierten Lösung werden aufgelistet. Beispiel für eine neue Seife: Duft (süßlich) ... Dann werden systematisch Änderungsmöglichkeiten gefunden: Form (rund, oval, figürlich – als Tannenzapfen, als Tier) usw.

Entscheidungsbaum

Diese Technik ähnelt dem Morphologischen Kasten. Um Struktur in die Vielzahl von Einfällen zu bekommen, verwendet man ein Muster, das dem der Ahnentafel ähnlich ist. Beispiel: Wie kann man ein Kind veranlassen, die Hausaufgaben sorgfältig zu erledigen?

Ablaufanalyse

Bisher praktizierte Lösungen (Beispiel: Der Informationsfluß eines Unternehmens) werden auf Schwachstellen analysiert: Wo bleibt Information hängen? Wer wird über Dinge informiert, die für seinen Arbeitsbereich keine Konsequenzen haben? Inwieweit dienen Memos als Statussymbol?

Expertokratie

Diese Technik wurde von dem Psychologen Michael Hockel entwickelt. Diese Gruppenmethode verlangt von den Gruppenteilnehmern die Bereitschaft zur Konfrontation und zum Spiel mit realer bzw. vorgegebener Kompetenz. Ein Gruppenmitglied übernimmt die Rolle des „Naiven“ und befragt die Gruppe anhand eines vom Gruppenleiter vorbereiteten Problembogens. Jedes Strukturelement der Problemdarstellung wird von einem zuständigen Experten betreut, der zunächst seine Expertensicht darstellt. Anschließend konkurrieren alle für die anderen Strukturelemente zuständigen Experten mit ihm darin, den naiven Frager davon zu überzeugen, daß die erste Expertenäußerung inkompetent sei und von einem falschen Ansatzpunkt ausgehe. Wegen der in manchen Fällen gegebenen Nähe zur realen Konkurrenzsituation muß bei der Auswahl des „Naiven“ darauf geachtet werden, daß genügend Möglichkeit zur humorigen Distanzierung in der Gruppe erhalten beibt.

Es gibt schließlich eine Gruppe von Kreativitätstechniken, mit denen zuerst einmal das zu lösende Problem immer wieder neu und in immer neuen Zusammenhängen spezifiziert werden kann. Dabei werden bereits vorhandene Analysen des Problems und Lösungsansätze innerhalb der Gruppe vom Moderator besprochen, die Gesprächsergebnisse auf Zettel notiert und diese Zettel von Teilnehmer zu Teilnehmer weitergereicht.

Der Gruppenmoderator bereitet also eine Problemdarstellung vor, für die Gruppenteilnehmer (fünf bis sechs) wird jeweils ein Einzelblatt vorbereitet. Nach der Vorstellung des Problems werden die Teilnehmer gebeten, in die erste Spalte ihres Blattes eine Kurzdarstellung des Problems mit ihren eigenen Worten zu notieren. Sie werden dabei wörtlich gebeten: „Bitte beschreiben Sie das Problem so, daß erkennbar wird, was Ihnen der wesentliche Gesichtspunkt zu sein scheint.“

Diese Blätter mit der ersten Problemdarstellung werden dann im Uhrzeigersinn jeweils an den Nachbarn weitergereicht. Im zweiten Durchgang trägt jeder in der zweiten Zeile des Blattes eine Antwort auf die folgende Frage ein: „Mit welchem Problem scheint Ihnen die hier vorliegende Problematik verwandt?“ Die Lösung soll sich strikt auf die vom Nachbarn übernommene, schriftlich vorliegende Problemdarstellung beziehen. In der dritten Spalte wird die Antwort auf folgende Frage hinzugefügt: „Welche Gemeinsamkeit

zwischen beiden Problemen sehen Sie?" Die Teilnehmer sind aufgefordert, so viele Gemeinsamkeiten zu nennen, wie ihnen einfallen.
Das Blatt wird dann erneut weitergereicht. Im vierten Schritt wird die Antwort auf folgende Frage eingetragen: „Welche anderen Probleme werden durch die oben genannten Gemeinsamkeiten mit berührt?" Hier sollen wieder konkrete, jedoch auch fernliegende Probleme benannt werden. Im fünften und letzten Schritt wird gefragt: „Welcher Gesichtspunkt ist der Problemlösung zugrunde zu legen?" Hierbei soll für die ursprüngliche Problemformulierung, für das ähnliche Problem, die Gemeinsamkeiten und die verwandten Probleme die gemeinsame Grundlinie gefunden werden. Bei sechs Teilnehmern wandert das Blatt schließlich weiter und wird von dem jeweils letzten Teilnehmer der Gruppe vorgestellt. Der Moderator notiert die Prinzipien und Gemeinsamkeiten und leitet sodann die wertende Diskussion.

K-J-Methode

Die Buchstaben stehen für den Begründer dieser Methode, den japanischen Anthropologen Jiro Kawakita. Dabei werden alle Einzelinformationen zu einem Problem auf Einzelkärtchen geschrieben (bis zu zweihundert und mehr). Sie werden auf einem Tisch ausgebreitet, nach Oberbegriffen geordnet, die neuen Häufchen werden wiederum nach Oberbegriffen geordnet. Dann werden jeweils zwei Kartenstöße im Detail auf Beziehungen zueinander analysiert. Auf diese Weise werden neue Einsichten gewonnen – in Probleme ebenso wie in Lösungen.

N-M-Methode

Sie wurde von dem Japaner Makazu Nakayama entwickelt. Sie verbindet die K-J-Methode mit typischen Elementen der Synektik. Deshalb werden zu den ursprünglichen Informationskärtchen Analogien, bildhafte Übertragungen gesucht und ebenfalls auf Kärtchen festgehalten. Diese neuen Kärtchen werden dann auf neue Einsichten in alte Probleme und neue Lösungsmöglichkeiten hin untersucht.

Hypothesen-Matrix

Etwa fünfzig Aussagen zu einem Problem werden untereinandergeschrieben, fünfzig weitere Aussagen nebeneinander. Dadurch entsteht eine Matrix, und man kann jetzt jedes dieser 2750 entstandenen Felder auf gemeinsame Beziehungen hin untersuchen.

Relevanzbaum

Oft verzweigen sich Probleme (und gefundene Ideen) bis zur totalen Unübersichtlichkeit. Mit Hilfe eines Relevanzbaums lassen sie sich hierarchisch ordnen.

Was hier in aller Kürze und Abstraktheit aufgeführt worden ist, sind die heute gängigen Kreativitäts-Techniken. Unsere Darstellung folgte in etwa einer Systematik, wie sie Helmut Schlicksupp in einem Buch *Kreative Ideenfindung in der Unternehmung* gegeben hat.

Die kreative Grundregel: Schreibe alles auf, was dir einfällt ..., kann also in sehr systematischer Weise abgeändert werden. Kreativitätstechniken werden so wesentliche Hilfsmittel auch für den einzelnen Menschen, der ein altes Problem neu durchdringen will.

Der kreative Prozeß

Vorbereitung

Definieren Sie genau das Problem, das Sie lösen wollen! Wer ein Problem genau verstanden hat, braucht meist über die Lösung nicht lange nachzugrübeln. Sie fällt ihm zu. Meist stellt allerdings die klare Definition eines Problems die schwierigste Denkarbeit überhaupt dar. Deshalb kann es richtig sein, den hier vorgezeichneten logischen Weg der Problemlösung zu verlassen und irgendeine Idee auf Brauchbarkeit abzuklopfen. Das fördert das Problemverständnis!

„Schwanger gehen“

Mit einer Idee „schwanger gehen“ können Sie, auch wenn Sie sich noch überhaupt nicht „befruchtet“ fühlen. Egal, wie komplex das Problem ist, egal, wie ungenau Ihr Verständnis von der Sache ist – Sie haben bereits eine Ahnung von der Lösung. Sie wissen ungefähr, wo Sie suchen müssen. Zwingen Sie Ihre Gedanken nicht in logische Bahnen. Wenn das Problem mit Logik lösbar wäre, hätte es schon jemand vor Ihnen auf diese Weise gelöst. Sinnieren Sie, seien Sie offen für jede noch so abstruse Idee, die Ihnen einfällt.

Erleuchtung

Geben Sie die erste, beste Idee, die Ihnen einfällt, in den hier beschriebenen Kreisprozeß des kreativen Denkens ein. Die Idee darf unmoralisch, unlogisch, unpraktikabel, zu teuer in der Durchführung oder was auch immer sein. Reden Sie mit Leuten darüber. Dadurch lernen Sie mehr, als wenn Sie immer nur mit perfekten Ideen an andere Menschen herantreten. Zu neuen Ideen kommt man nur, wenn man bereit ist, sich auch einmal mit Schnapsideen zu blamieren.

Diskussion

Das größte Hemmnis für jedes kreative Denken ist Angst. Lassen Sie Ihre Ideen von anderen Menschen verreißen. Verzichten Sie auf Selbstschutz. Prüfen Sie, ob die neue Idee, die Sie haben, irgend jemanden mit einem unabhängigen Urteil überzeugt. Wenn nicht, analysieren Sie die Kritik. Sie werden dann das Problem besser verstehen, und in der nächsten Runde der Gedankenarbeit ergibt sich vielleicht schon die wirklich geniale Idee.